www.tredition.de

Angelika Knöpker

auf-gelöst

Tagebuch
nach einer Trennung

www.tredition.de

©2015 Angelika Knöpker

Vorwort:
Detlef P. Jotzeit, Stellvertretender Redaktionsleiter und Kollege

Verlag: tredition GmbH, Hamburg
ISBN 978-3-7323-3843-6 (Paperback)
ISBN 978-3-7323-3845-0 (e-Book)
ISBN 978-3-7323-3844-3 (Hardcover)

Printed in Germany

Das Werk, einschließlich seiner Teile, ist urheberrechtlich geschützt. Jede Verwertung ist ohne Zustimmung des Verlages und des Autors unzulässig. Dies gilt insbesondere für die elektronische oder sonstige Vervielfältigung, Übersetzung, Verbreitung und öffentliche Zugänglichmachung.

Bibliografische Information der Deutschen Nationalbibliothek:
Die Deutsche Nationalbibliothek verzeichnet diese Publikation in der Deutschen Nationalbibliografie; detaillierte bibliografische Daten sind im Internet über http://dnb.d-nb.de abrufbar.

Mein herzlicher Dank gilt meiner Freundin Gisela, meinen Kindern Danny und Mark, meinen Geschwistern und allen, die mich in der schweren Zeit unterstützt haben.

Vorwort

Liebe Angelika,

selten hat mich etwas so bewegt wie Dein Tagebuch. Gerade erst aus Portugal zurückgekommen und noch die letzten Urlaubstage genießend, habe ich Deine E-Mail mit der zunächst recht irritierenden Betreffzeile „Warum?" gelesen. Du glaubst gar nicht, was mir da sofort alles durch den Kopf gegangen ist: lebensbedrohliche Krankheit, Sterbefall in Deiner Familie, usw.

Ich wollte schon in der Redaktion anrufen, um Genaueres zu erfahren, bevor ich auf dem i-phone - halt ein wenig versteckt - den Anhang gesehen und gelesen habe. Bemerkenswert wie Du Deine Gefühle, Deinen Schmerz, Deine Enttäuschung, die vielen Höhen und Tiefen, aber auch Deine Hoffnung und Zuversicht schilderst - so authentisch, emotional, wortgewandt und nachvollziehbar (zumal etwas Vergleichbares sicherlich schon jeder von uns irgendwann einmal erlebt hat – wenn auch nicht unbedingt mit diesem krassen Verlauf).

Bei jeder Zeile habe ich mit gelitten (insbesondere bei der Stelle mit der Badewanne und dem Föhn) und gehofft, dass Du die Situation meisterst und Dir ein Neuanfang gelingt. Ich konnte gar nicht aufhören zu lesen. Am Ende steht für mich fest: das „Tagebuch nach einer Trennung" musst Du veröffentlichen! Deine Zeilen werden anderen Menschen eine große Hilfe sein, ähnliche Situationen zu bewältigen. Da bin ich mir sicher.

Ich selbst bedauere, dass ich von Deiner schlimmen Lage vor meinem Urlaub nichts bemerkt habe. Entweder lag es daran, dass Du bei Besuchen in der Redaktion das Ganze zu gut überspielt hast oder mir angesichts von Stress und Arbeit die notwendige Feinfühligkeit gefehlt hat. Normalerweise habe ich sonst ja immer eine Antenne für die kleinen und größeren Sorgen meiner Mitmenschen. Sorry.

Ich wünsche Dir von Herzen, dass Du weiterhin so konsequent und unbeirrt Deinen Weg in eine neue Zukunft ohne Andreas gehst wie bisher. Ich drücke Dir die Daumen. Und wenn Du mal jemanden zum Reden brauchst, habe ich immer ein offenes Ohr für Dich.

LG det

Detlef Peter Jotzeit

Stellvertretender Redaktionsleiter und Kollege

22. September 2013

„Pass gut auf Dich auf!" sage ich, als er mich in den Arm nimmt. „Ja, Du auch auf Dich! Bis später". Das sind seine letzten Worte, bevor die Tür hinter ihm ins Schloss fällt. Sonntagmorgen 8 Uhr:

Am Donnerstag hat er mir nach einer Flasche Rotwein die Trennung vorgeschlagen. Neuneinhalb schöne Jahre, vorbei, vergessen. Ich bin wie vor den Kopf geschlagen. Eine Welt ist zusammen gebrochen. Andreas und ich - das Traumpaar schlechthin - zwei getrennte Wohnungen aber immer füreinander da. Zwei Freundes- und Bekanntenkreise, die zusammen gewachsen sind. Mein erster Gedanke: ich will und kann nicht mehr, Föhn ins Badewasser tut nicht weh.... An Schlaf ist nicht zu denken.

Der Freitag zieht sich unendlich hin, ich absolviere meine Termine wie im Trance. Erst am Abend bekomme ich eine SMS: „Hallo Maus, sitze in der Badewanne, lass uns morgen früh reden."

Ich bin erleichtert, fühle mich sprach-, wehr- und hilflos. Gisela unterstützt mich wo sie kann. Meine beste Freundin kennt mich zu gut, als dass sie in der jetzigen Situation aufdringlich wird. „Melde Dich, wenn Dir danach ist....." Diese Unterstützung im Hintergrund tut einfach gut. Schön, dass wir einen Kurzurlaub im Sauerland gebucht haben. Die eine Woche bis dahin überstehe ich auch noch. Ausgerechnet für den morgigen Samstag habe ich zu einer Fete eingeladen. Ich wollte mich bei Andreas Freunden für die zahllosen Einladungen revanchieren, ihnen mein Zuhause vorstellen. Aus Platzgründen haben wir oft bei Andreas gefeiert.

Samstagmorgen eine SMS: „Lade Dich zum Frühstück ein, Du kannst wählen, bei Dir, bei mir, in Hamm oder im CD in Ahlen." Ich entscheide mich für seine Wohnung, muss ja nicht ganz Ahlen mitbekommen, wie schlecht es mir geht.

Er hat sich große Mühe gegeben, den Tisch aufwändig gedeckt, die Auswahl an Aufschnitt und Käse reicht für eine ganze Fußballmannschaft. Ich bekomme keinen Bissen runter, schneide mir von einem halben Brötchen ein fünf mal fünf Zentimeter großes Stück ab, etwas Marmelade drauf - mehr geht nicht, die Hälfte lasse ich liegen. Meine Kehle ist wie zugeschnürt. Andreas beginnt mit Lob. Dass ich ihm jede Freiheit lasse zum Beispiel. Aber auch, dass er sich nicht mehr auf unsere Treffen abends freut. Ja wie auch, wenn ich wie er oft am Tag 500 Kilometer durch das Ruhrgebiet rauschen müsste, wäre ich auch erledigt.... Ich gehe zum Angriff über. Ich denke an die letzte Trennung vor drei Jahren, als er im Malaga-Urlaub das „Aus" unserer Beziehung erklärt hatte. Die Firma war damals in Schieflage, das Ferienhaus in Spanien und weitere Immobilien mussten verkauft werden. „Ich wollte Dich nicht damit belasten", hat er mir sechs Monate später erzählt, als wir wieder ein Paar waren. Ich vermute wieder, dass es solche Gründe sind: „Du hast einfach zu viele Baustellen", mache ich ihm klar und zähle seine Probleme auf. Keine Antwort ist auch eine Antwort. Ich sehe, dass ich so nicht weiter komme, er in seinem Kopf schon das „Aus" besiegelt hat. „Ich möchte nicht, dass ich wieder 20 Jahre so weiter lebe und es bereue." - Wie bitte? Kann er unsere schöne Zeit mit 20 Jahren Ehe mit seiner Frau vergleichen, in der es keine Gemeinsamkeiten gab? Ich bin enttäuscht. Die Backpfeife hat gesessen. Ich werde persönlicher: „Was muss ich tun, was muss sich ändern?" Keine Antwort, nicht einmal das. Ist auch besser so, denn später ärgere ich mich über diese Aussage. Warum mache ich mich so klein? Ich erwarte doch, dass er mich mit meinen Stärken und Schwächen genauso akzeptiert wie ich ihn. Schlage ihm eine Auszeit vor. „Hätte ich dir auch vorgeschlagen", willigt er ein. Erleichterung, dass er trotzdem abends an der Fete teilnehmen wird.

Fahre mit Gisela nach Beckum. Bei einem Cappuccino drehen sich die Gedanken. Eine Erklärung finde ich nicht. Die Fete wird trotz und alledem sehr schön. Er sitzt draußen auf dem Balkon mit Freunden, ich mit dem Rest im Wohnzimmer. Andreas betrinkt sich mit Rotwein und Schnaps, kann schließlich nicht mehr auf den

Beinen stehen. Ralf hält ihn fest und will ihn nach Hause bringen. „Habe mich von Angelika getrennt", lallt er, aber niemand versteht ihn. Er merkt aber auch, dass er keinen Fuß mehr voreinander setzen kann. Ich bringe ihn ins Schlafzimmer, nachdem die Gäste gegangen sind. Auf der Bettkante wirft er mich ins Kissen, nicht böse gemeint. Ich wehre mich, ich kann nicht….nicht in dieser Situation. Nehme mein Bettzeug und verbringe die Nacht auf der Couch.

Nach dem Aufräumen Termin für die Redaktion, dann fahre ich mit Gisela nach Bad Iburg. Ich muss raus, raus, raus, weglaufen und ablenken.

23. - 29. September

Ich stürze mich in die Arbeit. Für Montagabend hatte ich als Geschenk für Andreas Karten für ein Konzert in Osnabrück - schicke der Agentur eine E-Mail mit Absage. Jetzt arbeite ich nur noch auf den Urlaub hin, nehme alle Termine an. Kann nachts nicht schlafen: 2.30 Uhr bis 5 Uhr grübeln, grübeln, grübeln, warum, warum, warum?

Nachricht von Maria, meiner Redaktionsleiterin: ich soll bei der Übergabe des Wirtschaftspreises die Moderation übernehmen, ich sage zu. Zwei Kilo sind schon gepurzelt, ich werde eine gute Figur machen und überhaupt: „Keiner aus der Redaktion will es machen, Du bist doch nicht auf den Mund gefallen", das macht mir Mut. Ich schaffe das, klar schaffe ich das….

Am 25. Treffen bei Wibbelt mit Ingrid, Hans und Elisabeth, Mitglieder unseres aufgelösten Literaturkreises. Gott sei Dank fällt der Name Andreas nicht, erst beim Abschied, als Hans uns im

November zum Kaminabend einladen will. „Aber Andreas muss mitkommen." Ich sage nichts.

Stürze mich in die Arbeit. Kollektive für den Stadtanzeiger, Termine für das Ahlener Tageblatt. Und zwischendurch immer wieder Gisela, die mich auffängt. Endlich ist der Sonntag gekommen. Ich mache noch einen Kreistermin, packe in Windeseile meinen Koffer und hole Gisela ab. Zu ihrer Überraschung möchte ich selber fahren, bis zum Ziel, das kennt sie von mir nicht.

29. September - 2. Oktober

Die Sonne strahlt, und das bleibt so bis zur Abreise. Das Hotel lässt keine Wünsche offen, wir haben wieder einmal Mega-Glück. Stadtbummel, Glasbläserei, Don Camillo, Curiosum, Korbach, Diemel-Talsperre, Ettelsberg mit Bierchen auf Siggis Hütte, Brilon, aber auch Sauna und Wellness im Hotel - eine bunte Mischung aus allem. Auf der Rückfahrt Stopp am Hennesee im Welcome Hotel, Bootstour, Bummel in Soest, bevor wir gegen 19 Uhr wieder in Ahlen sind. Ertappe mich bei dem Gedanken an Weihnachten und Silvester, habe mir Arrangements im Welcome geben lassen, das wäre eine Alternative...

Mir graut vor den Feiertagen.

3. Oktober

CDU-Termin, treffe guten Freund von Andreas, hoffentlich spricht er mich nicht an. Weiß er schon was? Und Rudi? Ruth hatte mich am Montag angerufen: „Sonst alles in Ordnung bei Dir, außer deinem Fuß?" „Ja, alles o.k.", ich kann und will nicht reden.

Feiertag: ich rufe meinen Sohn Danny an und berichte. Er ist sehr einfühlsam, lädt mich nach Köln ein. „Brauchst kein Hotelzimmer und keinen Zug, wir haben Bett und Parkplatz." Mensch, tut das gut. Eine Welle der Zuneigung erfüllt mich. „Mama, Du bist doch eine tolle Frau", muntert er mich auf, als wir nach einer halben Stunde das Gespräch beenden. Samstag kommt Mark, mein jüngster Sohn, dann erzähle ich es ihm auch. 14 Tage vorbei und nur zwei Personen wissen Bescheid.

4. Oktober

Autorenlesung im „Pängel Anton" in Enniger. Hätte ich den Termin doch gar nicht angenommen!! Es sind gute Freunde, die Andreas und mich vor fast zehn Jahren im Rahmen einer Oldtimer-Veranstaltung zusammen gebracht haben. Ich fahre fünf Minuten vor Beginn der Lesung los. Keine Zeit mehr für ein persönliches Gespräch mit Ingrid und Familie. Gott sei Dank. Sitze danach noch mindestens eine halbe Stunde allein mit dem Autor zusammen. Will mich von Ingrid verabschieden, sehe niemanden und flüchte in mein Auto: geschafft!!! Ab nach Hause und bei einem Glas Wein die letzten 14 Tage Revue passieren lassen. Mein Selbstbewusstsein ist gestiegen. Habe ich es nötig, mich klein machen zu lassen? Die Stiche sitzen tief, mein Vertrauen ist bis in die Grundfeste erschüttert.

5. Oktober

Endlich mal wieder besser geschlafen, zumindest bis 5 Uhr. Mir kommt eine Idee: Tagebuch nach einer Trennung zu schreiben, dieses Mal nicht über meine Ehe mit Wolfgang und das Ende, sondern über die aktuelle Situation. Ich stehe auf, mache mir einen Kaffee und dann sprudelt es auch nur so. Kein Gefühl mehr für Zeit und Raum. Gestern Abend habe ich mir viel von der Seele geschrieben, das hat mir gut getan. Ich hole meinen Block und lese, was ich mir gestern notiert habe: Rückhalt in einer Beziehung ist gerade dann wichtig, wenn es schwierig wird im Job (Firma). Trennung hat Augen geöffnet, dass wir nicht mehr auf Augenhöhe waren. Einsam, zweisam, dreisam und am Ende doch allein, es hat doch auch was für sich, ganz für sich zu sein (hat schon Hermann van Veen gesagt). Statt verletzter Eitelkeit und Selbstmitleid den Blick positiv nach vorn richten.

Autorenlesung - eine Bereicherung, privat und beruflich!! Autor hat mir Mitarbeit beim Sender in Berlin als Regionalkorrespondentin in Aussicht gestellt, ich wachse an meinen Aufgaben. Könnte auch persönliche Referentin bei einem Bundestagsabgeordneten werden (Angebot letzte Woche), aber Politik ist nicht mein Ding, da kann ich mich nicht entwickeln. Aber es bewegt sich was, und das tut mir gut!!

Zweite Seite meiner Aufzeichnungen: Soll (kann) ich noch mit einem Mann zusammen leben, der so unberechenbar ist und mir den Boden unter den Füßen weg zieht? Was mich wirklich verletzt ist die Tatsache, dass Andreas mich in seinen Trennungsprozess nicht eingebunden hat. Seit Juli (so habe ich es gefühlt) hat er sich mit dem Gedanken getragen, mir aber danach immer wieder gezeigt, dass mein Bauchgefühl nicht richtig war. In Bad Neuenahr mit Freunden hat er mich vor fremden Leuten in den höchsten Tönen gelobt und beim Pöttkes- und Töttkenmarkt mit Jörg und Petra schon Urlaubsgedanken für Weihnachten/Neujahr angesprochen. Das tut unendlich weh - dieses „nicht über Probleme sprechen" und ignorieren und dann verletzen, das kann ich nicht ertragen.

So, genug für heute. Jetzt neuen Kaffee, Zeitung holen, gleich acht Uhr, eine gute Zeit bis zu meinem Termin um 11 Uhr. Schönen Spruch gelesen: „Du lebst Dein Leben, ich lebe mein Leben und den Rest leben wir dann gemeinsam."

6. Oktober

Ich krabble mich wieder hoch - jeder neue Tag ist eine neue Chance und ich genieße das Leben auf eine neue Art und Weise. Danny ruft jeden Tag an - einfach toll, diesen Rückhalt zu erfahren. Ich bin froh, Gisela an meiner Seite zu haben, sie ist - wie soll ich das beschreiben - immer in Lauerstellung, dass es mir gut geht und kein falsches Wort über Andreas über ihre Lippen kommt.

Innerlich brodelt es bei mir. So viel Vertrauen hat er zerstört. Die Grübelnächte werden kürzer. Antworten finde ich nicht. Fahre gleich mit Gisela und Mark zu meiner Ex-Schwiegermutter, liebevoll „Muma" genannt. Sie hat Andreas sehr gemocht und wir haben sie oft und gern besucht. Mal gespannt, wie sie reagiert.

7. Oktober

Gestern Abend noch lange nachgedacht und viel geschrieben, so langsam komme ich innerlich zur Ruhe. Lesen hat wieder Priorität und mir einen anderen, aber sehr schönen Sonntagvormittag beschert. Am Nachmittag nach Warendorf gefahren. Mark hat die Nachricht wie beiläufig aufgenommen und erzählt, dass er Andreas in der „Zisterne" getroffen und mit ihm ein Bier getrunken hat. „Muma" wird mit ihren über 90 Jahren immer zerstreuter, hat sich aber sehr über die mitgebrachten, alten Fotoalben gefreut.

Gegen Abend schreibt Andreas eine SMS mit Angebot eines Treffens. „Hallo Geli, ich denke wir sollten uns Mitte der Woche treffen und sprechen. Habe gestern Abend Mark mit seiner Truppe getroffen, war lustig." Mein Bauchgefühl sagt „Nein", schreibe ihm zurück: „Hallo Andreas, ich bin noch nicht bereit für ein Treffen, brauche noch Zeit." Seine Antwort kommt prompt: „Okay, kein Problem, wollte mich halt gemeldet haben."

Nach nur 14 Tagen ist niemand in der Lage, eine weitreichende Entscheidung zu treffen, so nicht und so nicht, gleich wie es auch ausgehen wird. Gut dass ich auf mein Bauchgefühl gehört habe, zum jetzigen Zeitpunkt kann ich nicht mit ihm reden. Möchte kein Leben führen mit jemandem, der mich nicht mehr liebt, der sich nicht mehr freut, zu mir zu kommen. Besser eine gute Freundschaft als eine lieblose Liebesbeziehung. Ich merke, wie meine Liebe zu ihm immer mehr dem Verstand weicht. „Das habe ich nicht nötig, mit mir nicht!" Kann und möchte mit ihm nicht reden. Fühle mich jetzt einfach nur wohl, während ich die Gemütlichkeit meiner kleinen Wohnung genieße und vor dem „Tatort" meine Gedanken kreisen lasse.

Morgen Power-Tag. Interview mit Unternehmerfamilie will gut vorbereitet werden, freue mich auf die Aufgabe, das wird eine tolle Show. Tagebuch-Schreiben tut mir gut, mir wird so vieles klar, die Nebelwand lichtet sich, vieles wird deutlich und sichtbar: habe viel zu viel für ihn getan, viel zu viel Positives für ihn gewollt, viel zu viel geliebt - und mich ein Stück weit aufgegeben, für meine große Liebe, von der nur noch Bruchstücke geblieben sind. An all dem Richtigen war irgendwann irgendwas zuviel. Ich habe nur ein Leben, wie will ich es führen? Diese Frage beschäftigt mich am meisten. Ich bin noch nicht bereit für ein Gespräch, merke, dass ich gerade einen Prozess durchmache, der bestimmt ist von Aufbruch, von einem Weg zu einem neuen selbst bestimmten Leben. Ich verliere viel, wenn ich mich selbst verliere, das kann und darf nicht sein!!!

…und am Ende geht jeder immer dorthin, wohin es ihn zieht. Jedes Ende ist eine neue Chance für einen neuen Anfang. Es geht mir gut und jeden Tag besser!! Aus einem schmerzhaften Prozess kann auch viel Positives entstehen!!

8. Oktober

„Liebe Mama, wollte Dir noch mal sagen, dass Du mich wirklich immer erreichen kannst, wann Du möchtest…bin immer für Dich da!!!" Diese SMS gestern Abend von Danny tut gut. Habe ihm und Mark die ersten Aufzeichnungen aus dem „Tagebuch nach einer Trennung" geschickt, damit sie wissen, was in mir vorgeht - am Telefon klingt ja alles nur halbherzig und Antworten auf ihre Fragen habe ich nicht. Merke zum ersten Mal, dass mir eine Begegnung mit Andreas keine Probleme mehr macht. Bin am Anfang noch Umwege gefahren, um ein Zusammentreffen zu vermeiden. Jetzt ist alles gut, alles bestens, nicht mehr Andreas, sondern meine Kinder haben absolute Priorität, hat ihn ja auch sehr genervt als ich ihn vor einigen Wochen auf Platz 1 gesetzt habe. Schluss, aus, vorbei, gerade noch einmal die Kurve gekriegt: frei sein, frei sein, frei sein statt einsam, einsam, einsam in einer Beziehung. Der Weg ist das Ziel und ich glaube, ich weiß, wo ich hin will!

10.Oktober

„Hallo liebste Mama, hab` mir gerade dein Trennungstagebuch durchgelesen und es tut mir wirklich leid, dass du so eine schwere Zeit durchmachen musst. Ich finde es aber gut, dass du dir alles von der Seele schreibst und es scheint dir ja sehr zu helfen. Ich wollte dir nur noch einmal sagen, dass ich immer für dich da bin, wann immer du mich auch brauchst oder reden möchtest."
Während ich diese e-mail von Mark, die gestern gekommen ist, abschreibe, habe ich einen dicken Kloß im Hals. Bin stolz, zwei so tolle Kinder zu haben!!! Sie lieben mich, das zu spüren, tut mir unendlich gut und gibt mir Halt. Meine Entscheidung ist gefallen: Ich kann und will nicht mehr mit Andreas leben - er hat meine Liebe nicht verdient. Im Gespräch mit Gisela ist mir deutlich geworden, welche Fehler ich gemacht habe. So bedingungslos wie ich mich hinter Andreas gestellt habe, das hat mit Augenhöhe und Partnerschaft nichts zu tun.

Gleich Gespräch mit den Unternehmern wegen des Wirtschaftspreis-Interviews, bin gut vorbereitet und freue mich auf den Auftritt in der Stadthalle.

Ich werde den Fehler wie vor drei Jahren nach der überraschenden Trennung nicht noch einmal machen und Andreas jederzeit für Tisch und Bett zur Verfügung stehen. Freundschaft ja und sehr gerne, aber das war es dann! Das geht nicht mehr, könnte selbst nicht mehr in den Spiegel gucken, wenn ich mich so selbst verliere. Wollte heute Morgen schon alle Sachen aus den Schränken und aus dem Bad zusammen packen, aber das ist ja schnell gemacht vor unserem geplanten Treffen. Überlege schon einen geeigneten Rahmen, auf keinen Fall bei ihm oder mir, ein Café in Hamm fällt mir da spontan ein. Da kennt uns niemand und die Tische sind so gestellt, dass der Nachbar nicht gleich mithört.

10. Oktober nachmittags

Ich hab`s getan, ich hab`s getan: alle Klamotten aus den Schränken und dem Bad in den Keller gebracht, jetzt geht es mir noch einmal besser. Gerade beim Termin Iris getroffen. Ihr Kommentar: „Mensch, siehst Du gut aus, so gut…. wie frisch verliebt." Habe nur gelacht, aber sie hat Recht, die fehlenden Pfunde stehen mir gut und ich bin glücklich und zufrieden „entliebt".

Heute mit der Unternehmerfamilie ein so schönes und nettes Gespräch gehabt, war einfach klasse, freue mich auf Donnerstag, wird super, da bin ich ganz sicher!!! „Wenn Du an Deine Stärke glaubst, wirst Du täglich stärker", das hat schon Mahatma Gandhi gesagt, und da ist was Wahres dran. Mir gefällt auch der Spruch: „Auch aus Steinen, die Dir in den Weg gelegt werden, kannst Du etwas Schönes bauen!"

Mobile einer Partnerschaft

Ein Mobile sagt aus, wie eine harmonische Partnerschaft gelingen kann:
Jedes Element zieht seine eigene Bahn

Jedes Element wird von einem anderen in der Balance gehalten

Eine Abhängigkeit darf nicht spürbar werden

Durch starke Bewegung (Streit, Missgunst) können sich die Fäden verwirren oder im schlimmsten Fall reißen

Es gibt neue Plätze, wenn etwas hinzukommt

Alle Elemente sind an einem zentralen Punkt festgemacht

Das schafft Vertrauen, so dass das Element keine Angst vor Bewegung haben muss

11. Oktober

Diesen Halt spüre ich nicht mehr. War heute bei einer bekannten Wahrsagerin, sie hatte bislang immer Recht und sicherlich auch dieses Mal, wenn sie mir beruflich und privat einen neuen Weg beschreibt. Sie hat gesagt, dass ich derzeit ein schwaches Nervenkostüm habe und die Trennung wie „Pflaster abreißen" eine Zeitlang dauern wird, ich Andreas aber nicht wieder haben möchte. Ich war nach einer Stunde verblüfft, wie sie aus den Karten meine Zukunft lesen kann, ohne dass ich irgendetwas erzählt habe.

Zusammenbruch ist auch Aufbruch - Ziele sind klar und fest umrissen, ich schaue nach vorn und nicht zurück. Habe keine Angst mehr vor einem Neuanfang und tolle Chancen bieten sich - ich nutze sie!

Liedermacherin

Bettina Wegner

Lass uns unsern Abschied nehmen

Sag doch, was hab ich verbrochen

Dass du jetzt so anders bist

Was ist da in uns zerbrochen

Dass du mich nun anders siehst

Früher waren unsre Hände

Warm und weich und gut

Heute starrn wir auf die Wände

In uns wohnt die Wut

Unsre Worte kriechen leise

Und verzerrt aus unserm Mund

Drehn sich in verkehrter Weise

Machen zornig ohne Grund

Und was damals für mich sprach

Was du schön gefunden

Scheint dir heute dumm und flach

Kann dich nur verwunden

Sicher bin ich noch die Gleiche

Und bin trotzdem nicht mehr so

Dass ich dir die Hände reiche

Mit dir rede, gut und froh

Lass uns unsern Abschied nehmen

Ohne Wut und ohne Hass

Lass uns aneinanderlehnen

Und dann trennen müd und blass

Andreas, Danke für die in meinen Augen

wunderschönen 9 ½ Jahre !!!!!

Reaktion aus meinem Umfeld:

S.E.

Die Nacht ist doch schon vorüber? Warum noch dieser böse Traum!! Das kann nicht wirklich sein!!
Ich fühle, da ich diese Situation auch erlebt habe, die Turbulenzen Deiner Gedanken, Gefühle, mitten ins Herz, Ohnmacht; wie blockiert, die Tränen, dann auch Wut und die vielen offenen Fragen, die immer wiederkehren und sehr viel Raum im Alltag einnehmen. Du fühlst Dich wie betäubt, belastet, denn das Urvertrauen in die Beziehung ist gebrochen. Das Schreiben hilft da sehr, sich von diesem Schmerz zu befreien, Du bist doch mehr als Deine Trauer um Vergangenes, zumal Du Dir Deiner eigenen Stärken bewusst wirst und Geli: steck bloß den Kopf nicht in den Sand, Du bist eine attraktive, gebildete taffe Frau! Was hast Du schon alles gemeistert, welche Hürden hast Du schon alle überwinden müssen. Das schaffst Du auch noch, es tut jetzt sehr weh und ist ein Prozess, der emotionale Kraft kostet, Dein Tagebuch zeigt diese Entwicklung, Du wirst aufrecht und stärker aus dieser Entwicklung kommen, Dein Selbstwertgefühl wird wachsen!!
Geli, wenn Du reden, weinen oder einfach aus Ahlen heraus möchtest, besuche uns und wir können einiges unternehmen, auf jeden Fall schau weiter nach vorne, Du bist immer ein "Steh- auf-Mädchen"!! Vielleicht werdet Ihr eine Ebene finden, die Euch ein freundschaftliches Miteinander ermöglichen kann, einfach nur so zum Cappuccino trinken. Jetzt willst und kannst Du daran gar nicht denken, und es ist auch nicht einfach möglich, denn es schmerzt, lass es Dir offen, ob Ihr es auch wollt und höre auf Deinen Bauch, denn alles andere fährt 'Achterbahn'.
Es tut gut zu wissen und zu fühlen, dass Danny und Mark Dir so gut tun!

Ich drücke dich ganz herzlich! Immer für dich da!

Ich bin be- und gerührt und lasse meinen Tränen freien Lauf. Das hilft mir, morgen selbstbewusst auf der Bühne zu stehen. Mark und Danny rufen fast täglich an - auch das tut mir gut und Gisela ist eine große Hilfe in Sachen Ablenkung. Meine Zwillingsschwester Ulla hat mich eingeladen, am Wochenende zu ihr zu kommen oder auch eine ganze Woche zu bleiben. Lieb gemeint, aber im Moment stürze ich mich lieber in Arbeit als stundenlange Gespräche zu führen, die am Ende doch nichts bringen. Hoffe, dass Andreas beim nächsten Treffen offen mit mir umgeht.

16. Oktober spätabends

Kann wieder einmal nicht schlafen, da ist das Tagebuch-Schreiben beste Therapie. Reaktion von Ulla beim Telefongespräch: „Mit so einem Mann, der Dich zweimal im Regen stehen lässt, kannst Du kein drittes Mal einen Anfang machen." Recht hat sie und die Unterstützung der Familie tut so gut. Hätte vor einigen Wochen stutzig werden müssen, als ich über die Verlegung des Advent-Treffens vom 30.November auf den 7. Dezember sprach. „Dann musst Du nicht zwischen Uwes Geburtstag (sein bester Freund) und unserem Familienfest entscheiden." Antwort von Andreas: „Ich muss gar nichts." „Nein, musst Du auch nicht", habe ich gesagt, „aber meine Schwestern und ihre Familien sind Dir doch auch wichtig". Kein Kommentar!

Seit gestern weiß ich, dass Andreas heute Abend bei der Verleihung des Wirtschaftspreises auch dabei ist, habe Jörg beim Termin getroffen. „Habe für Dich und Andreas Platz in der ersten Reihe reserviert". Das hätte ich nicht ertragen. Habe ihm die Wahrheit gesagt, doch außer „ach du Scheiße" kam nichts, aber er ist im Moment aufgrund der aufwändigen Vorbereitung auch von der Rolle, alle Akteure sind total aufgeregt.

Erinnerung an die letzte Party kommen bei mir hoch, wie sie alle betrunken Andreas als „Flippy" hochgenommen und vorgeführt haben, wie er sich im Skiurlaub aufgeführt hat.... Danke, das brauche ich nicht mehr. Geh Deinen Weg, mach was Du willst. Das Pflaster wird langsam abgezogen - es ist schmerzhaft, aber wenn es erst einmal runter ist, wird es besser werden. Finger drauf und drücken. Schmerz lässt nach, bis man irgendwann gar nichts mehr spürt.

Gisela ist eine große Hilfe, immer für mich da zu sein, das bedeutet mir gerade in dieser Situation sehr, sehr viel. Fällt mir gerade ein: in Beckum gab es eine Wahrsagerin, die Menschen nach einem Foto beurteilt. Ich habe ihr 2004 einige Bilder meiner „Verflossenen" und auch von meiner neuen Liebe Andreas gezeigt. Kommentar: „Der ist der Richtige, Sie passen zusammen, das ist einmalig, aber ich gebe Ihnen einen Tipp: Lassen Sie ihn an der langen Leine." Das habe ich bis heute umgesetzt. Was hat`s gebracht? Vor drei Jahren hat er mich verletzt, jetzt hat er mich tödlich getroffen.

17. Oktober

Viele Anrufe, sms, E-Mails, die mir Mut gemacht haben für heute Abend. Der Auftritt ist vorbei und nach den Reaktionen anderer und meiner Selbsteinschätzung auch durchaus gelungen. Ich kann`s, ich mach`s, ich hab`s geschafft!!!!!!!!!!

Guten Morgen ihr Lieben,

mein Auftritt gestern war super, so viel Lob bekommen, meine Stimme fest und klar, selbstbewusstes Auftreten, tolles Styling, heute auf der ersten Seite der Zeitung mit Bild, ich bin stolz auf mich, das alles habe ich Euch zu verdanken, Eurem Zuspruch, Eurem „Mir-Mut-Machen" mit SMS, E-Mail und Anrufen. Ich habe mich vor dem Auftritt voll konzentriert auf Eure lieben Worte, die haben mir Energie und Kraft gegeben. Apropos Kraft: Andreas war auch da, habe ihn von hinten im Gespräch mit einem Kollegen gesehen, wollte eigentlich noch ein Glas Wein trinken, aber angesichts der 200 Gäste an Stehtischen wollte ich nicht, dass er sich dazu stellt. Ich habe die Situation gerettet, indem ich ganz schnell die Stadthalle verlassen, Gisela abgeholt und mit ihr bei mir zu Hause noch ein Glas Wein mit ihr getrunken habe. Der Bürgermeister als Moderator der Veranstaltung hat mich wegen meiner geschickten Fragen in höchsten Tönen gelobt und andere haben meine Warmherzigkeit, mit der ich das Interview geführt habe, bewundert. Ich habe alles richtig gemacht!!! Noch einmal einen ganz, ganz lieben Dank für Eure Unterstützung und Hilfe, drück Euch !!!!!!!!! und bin unendlich froh, Euch an meiner Seite zu haben.

Reaktion Danny:

Bilder sehen doch super aus...!!! Top!!! Sehr schick und vor allem kompetent siehste aus... :-)

Schönen Tag Dir!!!

18. Oktober

Nach der gestrigen Flucht aus der Stadthalle e-mail an Gisela und Geschwister verschickt und ganz liebe Rückmeldungen bekommen. Bin total am Ende - fühle mich wie ausgelaugt, die drei Termine heute wie im Trance abgearbeitet. Berthold war schockiert, als ich ihm nach der Bürgermeister-Konferenz auf die Frage: „Wie geht es Euch?" von der Trennung erzählt habe. Ein Kollege rief an: „Wir wollten doch nach der Preisverleihung zusammen einen Wein trinken, hatten Dir einen Platz freigehalten." Er kann meine Situation gut nachvollziehen, ist nach seiner Trennung auch „durch die Hölle gegangen": So ehrlich, so mitfühlend - das macht mich betroffen. Das Gespräch hat mir sooooooo gut getan. Und auch sein Angebot „ruf mich an oder komm vorbei" tut einfach nur gut. Hatte ihn vor meinem Auftritt eingeweiht, weil er merkte, dass ich total „von der Rolle" war.

Heute Mittag SMS von Andreas: „Habe Dich im Foyer gesucht, wollte Dir zum gelungenen Auftritt gratulieren und mich mit Dir austauschen" - worüber denn im Beisein von 200 Gästen?

Von Jörg total enttäuscht, außer „Scheiße"-Reaktion nichts mehr gehört. Das soll ein Freund sein? Keine Rückmeldung. Schade, dass er so eine nette Frau hat, werde sie mal anrufen, wenn das Pflaster abgezogen ist und ich stabiler bin.

Im Moment bricht wieder alles zusammen, Nachbar Werner nervt mit Einladungen zum Wein. Weiß er etwas von der Trennung und wenn von wem? Heute Abend schon wieder SMS von ihm: „Liebe Angelika, ich würde liebend gerne mit Dir ein Weinchen zusammen trinken. Sollen wir dazu die Vollmondphase nutzen? Vielleicht morgen oder übermorgen? PS: Du sahst gestern super süß aus. LG Werner." Er hat sich heute Morgen per SMS entschuldigt: „Sorry, ich wollte nicht aufdringlich sein." Er ist ein netter Kerl, aber nach der SMS gestern habe ich mich arg bedrängt gefühlt. Schluss aus, basta, jetzt hat er`s total vermasselt, kann Marmelade und Kuchen behalten. Was bildet sich der Kerl ein? Hat sich letzte Woche mit Gisela getroffen und jeder zweite Satz und Frage galt mir. Gisela hat ihm aber nichts von der Trennung erzählt, das hat sie mir versichert.

Kann zur Zeit noch nicht mit Andreas reden. Habe auf den 17. Oktober auf meinen Auftritt hingearbeitet, die Anspannung ist weg und Körper und Geist reagieren mit „Wirbelsturm". Gut, dass ich morgen mal einen Tag frei habe, wird dringend Zeit, dass Ruhe einkehrt. Gerade nachgezählt: 42 Termine in 18 Tagen nur für AT und Kreisredaktion, 15 bis 20 Termine inklusive aufwändiger Kollektive, für den Stadtanzeiger. Kein Abend ohne Arbeit. Ich kann nicht mehr - fühle mich leer und verbraucht...... alles tut weh !!!!

Das Tagebuch-Schreiben hilft mir sehr. Ich lese nichts nach und korrigiere beim Schreiben, was ich abends handschriftlich festgelegt habe - das ist meine wahre Gefühlswelt - sehr verletzt. Was als Aufarbeitung begonnen hat, wird für mich zu einer Vision: Ich starte ein Buchprojekt „Tagebuch nach einer Trennung", es wird die Leser be- und anrühren und ein Erfolg. Daran arbeite ich jetzt, bis das Pflaster abgezogen ist. Ich denke viel nach und in der Rückschau wird mir vieles deutlich und klar: Ich denke an das Gespräch beim Pöttkes- und Töttkenmarkt mit Jörg und Petra. „Was macht Ihr Weihnachten?", fragen sie uns. Andreas will sich nicht festlegen und ich antworte: „Mir ist es egal, Hauptsache raus". Er bringt mich nach Hause und drückt mich so, dass es mich sehr, sehr gefreut, aber auch irritiert hat. Heute weiß ich, das war sein „schlechtes Gewissen", weil er schon wusste, dass wir die Weihnachtsfeiertage nicht gemeinsam verbringen werden.

Schreiben tut gut und macht mir Mut, mich aber auch ganz, ganz traurig. Es waren fast zehn Jahre, eine wunderschöne Zeit mit vielen Highlights. Gerade noch einmal seine Rede zu meinem 60. Geburtstag durchgelesen: tut weh, tut weh, tut weh....

langsam Pflaster abziehen dauert, dauert, dauert…. Wann ist das Pflaster endlich runter, wann bin ich wieder fröhlich und witzig?

Heule, heule, aber auch das tut jetzt gut. Alle Anspannung verschwindet mehr und mehr.

Ich will und kann nicht mehr……

Alles so plötzlich, ohne Vorwarnung - plötzlich ist es einfach da, dieses Aushalten müssen. Warum hat er nicht früher mit mir gesprochen? Drei Monate hat er die Weichen gestellt - das ist nicht fair, mich vor vollendete Tatsachen zu stellen, unfair, unfair, unfair. Habe aufgetretene Lieblosigkeiten und Gereiztheiten seinem beruflichen Stress zugeordnet und mich jedes Mal wieder beruhigt, wenn so Situationen gekommen sind wie in Bad Neuenahr. Betrunkene sagen doch die Wahrheit oder? Hättest mich nicht so loben müssen! Du hast Deine Entscheidung vor drei Monaten getroffen und für Dich abgestempelt.

Für mich ist das der Hammer, Hammer, Hammer hart…. Schluss mit Selbstmitleid und Heulen -

auf zu neuen Ufern !

19. Oktober

Gisela: „ Wie krass ist das denn? Auf der einen Seite will er sich mit Dir ein Grab auf dem Westfriedhof kaufen und dann trennt er sich. Wer so leichtfertig mit den Gefühlen des anderen umgeht hat den anderen nicht verdient, das hat Andreas nicht verstanden."

Starker Rückhalt von allen, Gisela und Familie, tut mir gut DANKE!! Gisela hat mir schon vorher die Augen geöffnet, aber sich immer dezent im Hintergrund gehalten, um mich nicht zu verletzen, weil ich Andreas wie eine Tiermutter ihr Junges verteidigt und in Schutz genommen habe. Ich weiß, dass die Entscheidung endgültig ist. Mit diesem Mann kann und will ich nicht mehr mein Leben gestalten - aus, vorbei, mit ihm weiter zu machen oder neu anzufangen geht gar nicht. Ullas Worte kommen mir wieder in den Sinn. Meine Geschwister und ihre Familien haben Andreas wertgeschätzt, können sein Verhalten nicht verstehen. Jetzt ist viel kaputt gegangen, was nicht zu reparieren ist.

Leb` wohl und finde Deinen Frieden, Du unruhiger Geist. Habe heute Morgen einen Entschluss gefasst: möchte doch so schnell wie möglich ein klärendes Gespräch, jetzt ist es fünf Wochen her, einiges muss noch geregelt werden. Wir werden am Sonntag reden.

20. Oktober

Ja, jetzt soll morgen das Gespräch stattfinden, ich bin froh, dass es so ist, wird mir helfen.

Zur Ruhe kommen..... Ich gehe ganz selbstbewusst da rein, ich weiß was ich will - auch wenn es weht tut. Zeit heilt alle Wunden. Habe nach der Rückkehr um 23 Uhr alle Sachen aus dem Keller geholt und in mein Auto gebracht - auch wieder ein kleiner Befreiungsschlag. Tut mir gut und gibt mir wieder Raum und Platz für mich und für mein Ego. Habe Kosmetik-Termin abgesagt und so eine liebe e-mail von Gaby erhalten - zum Heulen, aber zeigt mir doch immer wieder, wie sehr ich akzeptiert bin. Möchte jetzt einfach nur noch Ruhe haben. Einen wunderschönen Kabarettabend mit Ex-Springmaus Margie Kinsky in Telgte verbracht, mit ihr vor dem Auftritt, in der Pause und danach tolles Gespräch gehabt. Werde versuchen, ihr einen Auftritt in Ahlen zu vermitteln und freue mich schon jetzt, darüber zu schreiben. Das Leben ist lebenswert! Ich habe endlich mal wieder ganz herzlich und befreit lachen können. Schlusssatz im Programm: „ Und denken Sie daran, Sie haben nur ein Leben: Machen Sie was draus und passen Sie auf sich auf!"

Letzteres habe ich doch heute vor genau fünf Wochen auch schon gehört?

20. Oktober nachmittags

Gerade wieder zu Hause nach eineinhalbstündigem Gespräch mit Andreas. Es ist in sehr netter und verständnisvoller Atmosphäre verlaufen, jetzt weiß ich auch endlich den Grund: er hat keine Gefühle mehr für mich und findet es dann ehrlicher, wenn wir beide neue Wege gehen. Wollen uns aber einmal monatlich treffen und gute Freunde bleiben. Ich bin zufrieden und kann jetzt, glaube ich, besser mit der ganzen Situation umgehen. Ich habe ihm einen ganzen Kofferraum mit seinen Sachen mitgegeben, alles aussortiert - das musste jetzt sein. Auch die Tickets für unsere geplante Flugreise. Seine Reaktion: „Kannst doch trotzdem mitfliegen und Dir vor Ort ein paar schöne Tage machen." Wie gemein ist das denn? Wie eine schallende Ohrfeige. Da soll ich im Flieger neben ihm sitzen und dann tschüss? Grenzt schon an Gemeinheit, aber ist auch ein Zeichen dafür, wie sehr er mit mir abgeschlossen hat. Bin traurig und versuche, nicht an die schönen Zeiten zu denken!

Brief an Kinder und Familie:

„Ihr Lieben, ich hatte heute Mittag ein eineinhalbstündiges Gespräch mit Andreas, jetzt geht es mir besser, will Euch nicht nerven, aber die letzten Seiten von meinem Tagebuch mit dem Gesprächs-Ergebnis sollt Ihr auch kennen, dann belästige ich Euch auch nicht mehr mit meinen Problemen, ganz liebe Grüße"

Antwort Danny:

Liebe Mama, freue mich, dass es Dir besser geht und Du

so positiv nach vorne blickst. Deine Probleme belästigen

uns auf keinen Fall...wir sind ja für Dich da!!!

Antwort Ulla:

Liebe Geli, Du belästigst mich überhaupt nicht mit Deinen

Problemen, im Gegenteil! Da Du räumlich weit entfernt bist

und ich als Deine Zwillingsschwester total mitleide, ist es für

mich tröstlich, Deine Gedanken und Gefühle zu kennen.

Der Föhn in der Badewanne hat mich schon mächtig

schockiert. Ich will das Leben weiter mit Dir leben, denn Du bedeutest mir viel, sehr viel !!!!

Ich bin nun auch froh, dass Du dich mit Andreas ausgesprochen hast. Wenn das Pflaster entfernt und die Wunde vernarbt ist, werdet Ihr auf einer anderen Ebene, nämlich kameradschaftlich miteinander umgehen können, ohne im kleinen Ahlen beim Anblick des anderen die Straßenseite wechseln zu müssen. Ich wünsche Dir, dass das Leben Dir wieder viele glückliche Momente schenken wird !!! Ruf mich an, wenn Du mich brauchst!! Ganz liebe Grüße auch an Gisela. Deine Ulla - PS: kann besser SMS als e-mail schreiben! Entschuldigung!

Reaktion Gisela

Gerade mail von Ulla gelesen - Kloß im Hals - toll so eine Schwester zu haben - toll eine Zwillingsschwester zu haben, die wirklich genauso denkt und fühlt wie Du - toll solch einen Rückhalt zu wissen..
So schaffst Du das!

Bettina Wegner

Ich weiß nicht weiter

Ich weiß nicht weiter, keinen Rat und keine Bitte.

Es ist nur heiß und kalt und meine Bitte

um ein Gesagtes taut, wenn ich nichts höre

und die Verzweiflung, dass ich bin und störe

in deinem Kopf, in diesem Land, in dieser Welt

macht, dass ein harter Regen auf mich fällt

der mich verbrennt und der mich frieren lässt.

Ich wanke nur, und gar nichts hält mich fest

hab keinen Boden mehr, zum Halten keine Hände

und langsam schließen sich um mich vier Wände

verstopfen mir mit weißem Kalk den Mund

ich habe Angst und bete ohne Grund.

Wohnt ja kein Gott, der mich in seine Arme nimmt.

Ich möchte weinend lachen, wie ein Kind.

21. Oktober

Habe gerade die Lebensmittel-Vorräte aussortiert. Alles, was ich extra für Andreas gekauft habe in eine Klappbox gepackt, bringe sie morgen zu Mark nach Münster. Abends Theater mit Gisela, habe Karten für „Sieben Welten" im Borchert Theater gekauft.

Der Rückhalt meiner Familie und von Gisela gibt mir soviel Kraft. Gisela immer an meiner Seite zu wissen, sie Tag und Nacht anrufen zu dürfen, tut einfach gut in dieser Situation. Auch die Reaktionen von Freunden und Bekannten - bin einfach nur gerührt und gehe optimistisch in die Zukunft. Muss mich nicht mehr verstecken und kann jedem, der nach Andreas fragt, die Wahrheit ins Gesicht sagen: „Er hat mich verlassen, weil er mich nicht mehr liebt." Meine Sprüche „Gefühle kann man nicht erzwingen" und „Leben ist kein Plan - Leben passiert" haben damit eine unfassbare brutale Realität erreicht, der ich mich stellen muss. Werde ruhiger und gelassener. Ruhe tut gut. Das Leben kann lebenswert und schön sein, wenn man will. Es geht mir gut.

Und mein Buch wird ein Erfolg, ich spüre das: es kann und soll Frauen in Trennungssituationen Mut machen für einen Neuanfang. Aus Schmerz kann so viel Positives entstehen.

Plane mit Gisela Städtetour nach Köln, muss Danny und seine Freundin Kati vor ihrem Abflug nach Thailand noch einmal drücken.

22. Oktober

Hatte heute morgen zwei Termine bei den Stadtwerken. Habe dazwischen Andreas besten Freund Uwe in seinem Büro besucht und unter Schluchzen gefragt: „Uwe, warum?" Horst war auch da und beide haben mir sehr gut zugehört, konnten mir aber auch keine Antwort geben: „Andreas spricht nicht über Gefühle". Ja, das ist wohl wahr.

Ich will stark sein, kann es aber nicht ....Gut getan hat mir, wie sie mich angenommen und ihre Freundschaft bestätigt haben mit „Wir sind für Dich da".

Bettina Wegner

Es ist so wenig

Es ist so wenig, was ich hinterlasse.

Was bleibt von mir, wenn ich mal geh`?

Mit Sicherheit wird bleiben, was ich hasse

auch, was ich liebte und des Winters Schnee

Nur meine Kinder werden mich vermissen

und wer mich liebte kurze Zeit.

Es hat noch nie jemand das Herz zerrissen

und von der Einsamkeit befreit.

Als Kind hab ich geglaubt, ich wär` unsterblich

Ich wollte ewig sein und mehr

und alle liebten mich und waren zärtlich

nur selten träumte ich schwer.

Vielleicht ist es genug, dass ich gelebt hab

zu sehn, dass meine Zeit verrann.

Und meine Wärme, die ich manchmal hergab

ist, was ich hinterlassen kann.

23. Oktober

Wollte eigentlich aufhören zu schreiben – muss aber wohl noch ein paar Runden Achterbahn fahren, bevor das Karussell zum Stillstand kommt. Einziger Pluspunkt: schon wieder weiter abgenommen, vier Kilo weniger stehen mir gut!!

24. Oktober

Von Danny und Kati ganz liebe Karte und ein Video geschickt bekommen. „500 days of summer". Es ist keine Liebesgeschichte, aber eine Geschichte über die Liebe, sehr gefreut und schon geguckt!! Gestern Nachmittag Maxipark mit Ausstellung „Alltagsmenschen". Bei Sonne hat der Spaziergang mit Gisela gut getan, habe wieder aufgetankt. Jetzt bei Bioethanol-Flamme allein und zur Ruhe kommen, einigen guten Freunden und Bekannten das erste Kapitel meines Tagebuchs geschickt, hat Gisela nicht gefreut, aber für mich ist es erneut ein „Befreiungsschlag". Da ich es sowieso irgendwann veröffentlichen werde, ist es doch egal und schützt mich vor Fragen, die ich nicht beantworten kann.

Gerade eine ganz, ganz liebe re-mail von einer guten Freundin bekommen, die ich namentlich nicht nennen möchte.

„Träume und Wünsche müssen manchmal sterben wie Blumen im Winter, aber ihre Samen überleben in der Erde bis zum nächsten Frühling. Ich denke an Dich und ich wünsche Dir, dass die starke Frau wieder die Oberhand bekommt. Ich habe geweint, als ich Dein Tagebuch gelesen habe, vieles von dem habe ich selbst durchlebt. Auch wenn wir uns nicht so oft sehen und sprechen, Du bist für mich einer der liebsten Menschen. Ich habe Dich so richtig aus tiefster Seele gern …. wie Seelenverwandtschaft. Wir konnten bisher doch immer so herrlich miteinander lachen. Wir hätten auch miteinander weinen können. Ich bin so froh, dass Du in der schweren Zeit Menschen an Deiner Seite hast, die Dir treu sind, die Dir helfen, die Dich verstehen. Angelika, Du bist so eine tolle Frau. Ich bewundere Dich und habe Dich immer bewundert. Du hast eine Ausstrahlung, die Männern die Haare vom Kopf, das Glas Wein aus der Hand und blöde Sprüche vom Mund wegfegen kann…… Man leidet oft so sehr, und erst nach langer Zeit erkennt man, dass es vielleicht doch ein Glücksfall war. Können wir bald einmal wieder miteinander lachen? …. Es muss ja nicht sofort sein. Vielleicht bist du auch im Moment müde, um immer wieder über Eure Trennung zu sprechen. Aber wir haben bestimmt noch viele andere Themen."

Gerade mit Ulla über eine halbe Stunde telefoniert. Sie tut mir gut mit ihrer Feinfühligkeit und Fürsorge, ebenso wie meine Schwester Janne. Auf ihr Anraten hin habe ich gestern Abend Maggi und Reini informiert. Reaktion: „Hat der 'ne Neue?" Grober geht`s wohl nimmer. Worte von Gisela haben mich nachdenklich gemacht. Sie ist damals von ihrem Mann von 0 auf gleich verlassen worden, er hatte sein neues Leben schon bestens vorbereitet mit neuer Wohnung und Partnerin. „ Ich konnte nicht kämpfen und damit nur verlieren". Recht hat sie, und ich habe in Andreas Augen am Sonntag auch das endgültige „Aus" gesehen. Keine Emotionen mehr, nur noch Sachlichkeit. Gut, dass ich seine Sachen bereits alle im Kofferraum hatte, so ist mir die Würde gewahrt geblieben, nicht wie ein Fußabtreter benutzt und entsorgt zu werden. Blicke nach vorn. Und trotzdem bin ich innerlich aufgewühlt: warum, warum, warum? Diese Frage geht mir nicht aus dem Kopf, was habe ich getan, dass plötzlich alles so anders ist? Welchen Sinn hat das Leben noch? Was bleibt mir noch? Keine Antwort auf viele Fragen.

Gisela hat gerade geschrieben: ... auf so viele Fragen keine Antwort. Auf die Frage nach dem „Warum" wirst Du sicherlich nie eine Antwort bekommen, aber suche das „Warum" nicht bei Dir!

Was hast Du getan? Geliebt!!

Welchen Sinn hat Dein Leben? Weil Du so ein wertvoller Mensch bist, wird Dein Leben den Sinn wiedergewinnen. Was Dir bleibt? Zwei wunderbare Söhne, tolle Geschwister, eine Freundin (!) und viele, die Dich gerne haben !!!

Reaktion D.J.

Liebe Angelika,

selten hat mich etwas so bewegt wie Dein Tagebuch. Gerade erst aus Portugal zurückgekommen und noch die letzten Urlaubstage genießend, habe ich Deine e-mail mit der zunächst recht irritierenden Betreffzeile „Warum?" gelesen. Du glaubst gar nicht, was mir da sofort alles durch den Kopf gegangen ist: Lebensbedrohliche Krankheit, Sterbefall in Deiner Familie, usw.

Ich wollte schon in der Redaktion anrufen, um Genaueres zu erfahren, bevor ich - auf dem i-phone halt ein wenig versteckt - den Anhang gesehen und gelesen habe. Bemerkenswert wie Du Deine Gefühle, Deinen Schmerz, Deine Enttäuschung, die vielen Höhen und Tiefen, aber auch Deine Hoffnung und Zuversicht schilderst - so authentisch, emotional, wortgewandt und nachvollziehbar (zumal etwas Vergleichbares sicherlich schon jeder von uns irgendwann einmal erlebt hat – wenn auch nicht unbedingt mit diesem krassen Verlauf).

Bei jeder Zeile habe ich mit gelitten (insbesondere bei der Stelle mit der Badewanne und dem Föhn) und gehofft, dass Du die Situation meisterst und Dir ein Neuanfang gelingt. Ich konnte gar nicht aufhören zu lesen. Am Ende steht für mich fest: Das „Tagebuch nach einer Trennung" musst Du veröffentlichen! Deine Zeilen werden anderen Menschen eine große Hilfe sein, ähnliche Situationen zu bewältigen. Da bin ich mir sicher.

Ich selbst bedauere, dass ich von Deiner schlimmen Lage vor meinem Urlaub nichts bemerkt habe. Entweder lag es daran, dass Du bei Besuchen in der Redaktion das Ganze zu gut überspielt hast oder mir angesichts von Stress und Arbeit die notwendige Feinfühligkeit gefehlt hat. Normalerweise habe ich sonst ja immer eine Antenne für die kleinen und größeren Sorgen meiner Mitmenschen. Sorry.

Ich wünsche Dir von Herzen, dass Du weiterhin so konsequent und unbeirrt Deinen Weg in eine neue Zukunft ohne Andreas gehst wie bisher. Ich drücke Dir die Daumen. Und wenn Du mal jemand zum Reden brauchst, habe ich immer ein offenes Ohr für Dich.

LG det

25. Oktober

Solche Reaktionen tun so gut, auch mail von Petra S: „Ich kann es irgendwie immer noch nicht glauben und es macht mich auch einfach sprachlos. Ich glaube, man fühlt sich wie amputiert, nicht wahr? Selbstverständlich werden wir Deinen Wunsch respektieren und Dich nicht anrufen!!!! Du sollst aber wissen, dass wir immer für Dich da sind. Jederzeit, egal wann und wo. Du kannst Dich immer melden!!!!!!!!!!!!! Wenn Dir die Decke auf den Kopf fallen sollte und Du einen Tapetenwechsel brauchst, bist Du auch selbstverständlich immer hier bei uns willkommen. Dann nehme ich mir frei und bin für Dich da, Angelika, fühl Dich umarmt und ich drück Dich ganz fest, ich wünsche Dir weiterhin viel Kraft. Alles Liebe, Deine Petra"

Komme gerade vom Vorlesen aus dem Kindergarten - habe so viel Positives erfahren und mitgenommen...

Habe meiner Schwester Bilder vom Maxi-Park geschickt, weil sie die „Alltagsmenschen" Ausstellung kennt, heute e-mail erhalten:

Guten Morgen liebe Geli

sieht doch klasse aus, im Moment abgelenkt, nach außen hin tapfer, für einen schönen Ausflug mit dem Titel: „Hab` meine verletzte Seele vergessen". Abwechslung tut Dir so richtig gut, neue Blicke, Perspektiven, neuer Lebensabschnitt, eben anders, wieder andere Schwerpunkte: Danny und Mark, Gisela, Familie, Freunde, Theater, Kino, Bücher, Bummel, Aa-See, eben Kultur pur in all seinen Facetten.., es gibt noch so viele schöne Dinge . . . . .
Wir müssen nur mit offenen Augen durch 's Leben laufen!!!
PS: Im wirklichen Leben passt Du aber noch so gar nicht auf die „Seniorenbank" (lt. Foto), es sei denn zum Erfahrungsaustausch mit älteren Damen über die Geschichten, die das Leben so schreibt! Und nun ab die Post, drück Dich vorher noch.
Bis bald!

27. Oktober

So, die bisherigen Aufzeichnungen meines Tagebuchs verschickt an mindestens 50 Freunde und Bekannte, jetzt geht es mir besser. Wusste gar nicht, dass der Kreis so groß ist. Ich glaube, ich mache jetzt mal eine kleine Schreibpause. Wenn mir wieder danach ist, setze ich mein Tagebuch fort.

29. Oktober

Die positiven Reaktionen und das Mitgefühl haben mich überwältigt.

Liebe „Wortschätzchen", ich kann das Unfassbare nicht begreifen und bitte um Verständnis, dass ich mich vorübergehend von unseren Literaturabenden abmelde. Bitte ruft mich auf keinen Fall an, ich bin momentan sprach- und fassungslos.

Reaktion C.M.

Liebe Geli,

ich sehe, wie sehr Dich die Trennung getroffen hat und bin froh, dass Du so gute Freunde an Deiner Seite hast. Vor allem Gisela ist ein Fels in der Brandung - wohl immer gewesen. Melde Dich wann immer du willst, komm zu WS wenn Du willst. Egal, tu was Dir gut tut. Wir warten auf Dich.

Reaktion M.B.

Anrufbeantworter: „Früh bin ich heute morgen aufgewacht und hab` schon fest an Dich gedacht, Deine Gefühlssituation geht mir auch als Schwester sehr nahe. Es ist aber schön zu spüren, dass wir Geschwister immer für Dich da sind. Bin in Gedanken fest bei Dir, das glaub` mir und habe den Wunsch, dass Du schnell wieder die „Alte" wirst, drück Dich und wünsche viel Kraft ………

Reaktion R. und R.

Guten Tag, liebe Angelika

danke für den Vertrauensbeweis, dass Du uns in die sehr persönlichen Informationen zu Deiner gegenwärtigen Situation mit eingebunden hast. Es ist ganz toll, dass Du in Deinem engen Umfeld viele Menschen hast, die Dir zur Seite stehen. Daher möchten auch wir Dir mitteilen, dass unsere Telefonleitungen sowie unsere Haustüren für Dich stets offen stehen. Wir freuen uns, wenn wir bald möglichst wieder bei unseren gemeinsamen Morgenläufen gute Gespräche führen können.

Reaktion G. und K.

Liebe Angelika,

Du hast uns eine Nachricht gesandt, die uns auch sehr traurig gemacht hat. Ihr werdet jedoch im Laufe der Zeit bestimmt noch einige Gespräche führen, die Klarheit in Eure Gefühle bringen werden. Wir hoffen für Euch von Herzen, dass Ihr einen Weg findet, der Euch die Möglichkeit gibt, freundschaftlich in die Zukunft zu schauen. Unsere Freundschaft, liebe Angelika, bleibt wie sie war und ist. Wir hoffen, dass Du auch in Zukunft unseren fröhlichen „Reisetrupp" mit Deiner Anwesenheit bereicherst. Gerne hätten wir mit Dir einige persönliche Worte gewechselt und uns telefonisch gemeldet. Da Du dies im Augenblick nicht möchtest, respektieren wir Deinen Wunsch natürlich. Wir würden uns allerdings sehr freuen, wenn Du Dich meldest, sobald es Dir besser geht. Nimm Dir dafür alle Zeit der Welt.

Dein Trennungstagebuch ist ein sehr persönliches Dokument Deiner jetzigen traurigen und hochemotionalen Gefühlsverfassung. Bestimmt hilft es Dir, mit der Situation besser umzugehen, wenn Du Dir alles von der Seele schreibst. Wir möchten Deine Nachricht - die Du uns mit Deinem Vertrauen auf unsere Freundschaft übersandt hast - aber an niemanden weiterleiten und hoffen auf Dein Verständnis dafür. Es liegt uns viel daran, Deine Persönlichkeit und Freundschaft zu schützen.

Liebe Angelika, Andreas und Du seid uns beide ans Herz gewachsen. Ihr seid liebenswerte Menschen, die das Herz am richtigen Fleck haben. Aus diesem Grunde hoffen wir sehr, dass Andreas und Du in Freundschaft verbunden bleibt. Wir hoffen, dass Du Dich bei uns meldest und wünschen Dir bis dahin alles Liebe und Gute. Bleib so wie Du bist! Herzliche Grüße

Reaktion E. und M.

Liebe Angelika,

wir haben mit Überraschung und zunehmender Sprachlosigkeit Deine Zeilen gelesen. Dein Tagebuch hat uns sehr berührt. Es tut uns sehr leid für Dich/Euch, dass Eure Verbundenheit auf so eine Weise ihr Ende findet.

Unsere gemeinsamen Unternehmungen haben wir immer sehr genossen. Wir hoffen, dass Du recht bald gestärkt aus dieser Krise herauskommen wirst und positiv gestimmt nach vorne schauen kannst. Melde Dich doch bitte bei uns, wenn Du gefühlsmäßig so weit bist.

Bis dahin alles Gute

Reaktion H. und I.

Liebe Angelika,

wir respektieren Deinen Wunsch, nicht angerufen zu werden, darum schreiben wir Dir hier ein paar Zeilen. Was Dir passiert ist, tut uns aufrichtig leid und wir können nachvollziehen, in welcher Gefühlslage Du Dich befindest.

Wir freuen uns, dass Du viele Menschen an Deiner Seite hast, die Dir helfen, Dir Mut zusprechen und Deine Selbstachtung stärken.

Aber bitte beachte auch eines: Andreas ist unser Freund. Wir finden, er hat es nicht verdient, hier in aller

Öffentlichkeit so dargestellt zu werden, wie Du es im Moment tust. Deine Worte sind messerscharf, Deine Sätze journalistisch ausgefeilt, Deine Mitteilungen brennen sich tief ein. Alles Informationen, um die wir nicht gebeten haben und die uns auch nichts angehen. Bitte setze uns in Zukunft nicht mehr in Cc. Alles Gute wünschen wir Dir.

Reaktion U.H.

Liebe Angelika,

das hat mir einen richtigen Schlag in den Magen versetzt!! Wir kennen uns gar nicht so gut, und Andreas kenne ich fast gar nicht (zwei Mal kurz gesprochen), dennoch bin ich nach dem Lesen Deines Tagebuchs sehr bewegt. Mein Mann kam gerade dazu, ich habe ihm die Nachricht gezeigt. Er war sprachlos, hatte beim Wirtschaftspreis mit Andreas gesprochen, meinte: „Die waren doch noch zusammen beim WP". Ich hatte ja das Tagebuch schon gelesen und konnte ihm sagen: „Nein, eben NICHT zusammen."

Mir hat Dein Interview an dem Abend mit den Preisträgern gut gefallen. Dein ehrliches Interesse an den Personen und ihrem Leben spürte man, Du warst sehr professionell und gleichzeitig einfühlsam, so offen und positiv. So habe ich Dich kennen gelernt, das gefällt mir. Ich wünsche Dir, dass Du weiterhin einen guten Weg findest, in der neuen Lebens-Situation anzukommen. Du gehst so mutig damit um ….bewundernswert. In diesen Tagen fand ich einen Gedanken, der mir gut gefällt, von Ursula Karven: „Der erste Schritt zu bekommen was Du willst, ist, den Mut zu haben, das loszulassen, was Du nicht willst"

Ich freue mich, dass Du morgen den Termin wahrnimmst und werde Deine Bitte, Dich nicht auf die Trennung anzusprechen, natürlich respektieren. Lieben Gruss

Reaktion G. und L.

Moin Angelika, kein Thema, wir machen das so wie es Dir gerade am besten auskommt, nur nicht aufgeben, Du kommst da durch und schaffst alles, so vieles wollen wir erklärt haben im Leben, und oft klappt das nicht und man hat keine Antworten. Zweifel nicht an

Dir, so wie Du bist und warst ist alles gut .... ganz bestimmt, melde Dich, wenn Du magst und gute Termine heute.

Reaktion H.W.

Liebe Angelika, Du bist so ein toller Mensch, eine attraktive intelligente Frau. Ich kann es nicht fassen, wie ein Mensch Deine Seele so verletzen kann. Wenn ich Dir helfen kann melde Dich. Ich wünsche Dir viel Kraft und gute Nerven, dass es Dir schon bald wieder besser geht.

Bin nicht gut im Schreiben, aber es ist mir wichtig gewesen, Dir zu sagen, dass Du ein toller Mensch bist und ich Dir helfen möchte, wenn Du möchtest. Ich umarme Dich.

Reaktion D.H.

Liebe Angelika, habe Dich bewusst nicht angesprochen, weil Du bestimmt genug leidest, LG D.

Reaktion S.K.

Liebe Angelika! Über Deine mail war ich erstmal geschockt und in Sorge. Ich wollte Deinen Wunsch respektieren und mich nicht melden. Heute Morgen habe ich dann von M. erfahren, dass dort ein Anhang „Tagebuch nach einer Trennung" dabei war, den ich aber nicht erhalten habe. Er hat ihn von H. zu geschickt bekommen. Somit habe ich das Tagebuch gelesen. Es ist sehr gut und hautnah geschrieben, all Deine Gefühle, Phasen der schmerzlichen Lösung von einer langjährigen Beziehung und den tollen Rückhalt von Deiner Freundin Gisela und Deinen Kindern.

Ich habe von dem Ganzen nichts gewusst und mit bekommen. Ich wünsche Dir viel Kraft, Selbstbewusstsein und Zuversicht für die Zukunft! Glaub weiter an Dich!
Ich umarme Dich gedanklich!

Reaktion P.P.

Liebe Angelika, weiß gar nicht, was ich Dir sagen oder schreiben soll. Fühl Dich einfach von mir ganz fest gedrückt, herzliche Grüße

Reaktion J. und S.

Liebe Angelika,

ich/wir müssen uns das heute Abend in Ruhe durchlesen. Bitte lasse uns wissen, wenn wir etwas für Dich tun können. Wir sind gerne für Dich da. Solltest Du auch eine Auszeit planen, wir haben Hotels mit viel Wald und weit weg zum Abschalten. Liebe Grüße und bis bald

Reaktion A.W.

Liebe Angelika,

Das sind schlimme Nachrichten! Und es tut mir sehr leid für Dich! Leider kann ich zurzeit Dein Tagebuch nicht öffnen, denn ich habe nur ein Tablett bei, das das Format nicht unterstützt. Aber morgen bin ich aus der Mutter-Kind-Kur zurück - dann werde ich es lesen! Die Kur hat mir sehr gut getan, mich sehr in mir selbst bestärkt... Ich habe nach all den Monaten endlich verstanden, was ich will - und was ich nicht will! Endlich! Vielleicht wäre das auch irgendwann ein Weg für Dich? Ein Aufbruch, ein Neuanfang -

vielleicht auch ein Anknüpfen an längst verloren Geglaubtes. Ein Weg zurück zu Dir. Vorerst schicke ich Dir dieses Gedicht, das mich heute Morgen zugegeben noch mal zu Tränen gerührt hat. Ich hatte hier eine ganz tolle Psychologin... gleich gibt es das Abschiedsgespräch. Ich wünsche Dir viel Kraft und Heilung für Deinen Knöchel!

Gedicht von Carola Matthiesen

Vergiss nicht, wenn du gehst...

Vergiss nicht, wenn du gehst

Das Lachen einzusammeln und die Lieder

Wisch auch die Tränen auf, und schließ sie mit den Sorgen in dein Bündel

Pflück die Erinnerungen von den Wänden und fang die Träume ein.

Vergiss nicht, wenn du gehst,

das bisschen Einsamkeit der Nächte und zwischen hohen Sparren such` nach deinem Seufzen und Gebet.

Ein wenig Platz lass im Gepäck für künft`gen Wunderglauben.

Dann streu getrost die Asche auf die Glut und schließ die Türe. Du hast jetzt alles was du brauchst und nichts muss dich bekümmern.

28. Oktober

Gisela: „ Freunde sind Engel, die uns wieder auf die Beine helfen, wenn unsere Flügel vergessen haben wie man fliegt. Du wirst mindestens alle vier Jahreszeiten durchmachen müssen, um wieder zur Ruhe zu finden." Recht hat sie, für mein Buchprojekt brauche ich Geduld und Zeit. Ich möchte damit anderen Frauen (und auch Männern) in Trennungssituationen Mut machen, ihr Leben wieder in den Griff zu bekommen. Ob es mir gelingt, weiß ich jetzt noch nicht, aber da möchte ich hin. Sobald ich etwas stabiler bin werde ich mir die bisherigen Aufzeichnungen durchlesen und anonymisieren. Im Moment mag ich es mir nicht antun, zu tief sitzt der Schmerz.

Die vielen Mails und sms, die Betroffenheit und Einfühlungsvermögen signalisieren, sind wie Balsam auf meiner geschundenen Seele, geben mir Kraft und Mut. Das Verschicken des ersten Teils meines Tagebuchs bewahrt mich vor direkten Konfrontationen, ich bin keine Erklärungen mehr schuldig. Habe Buchvorschlag von U. in die Tat umgesetzt und es bestellt. Freue mich auf den Kurzurlaub in Köln mit Gisela übermorgen, das wird schön, wir haben schon Karten für einen Kabarettabend im Senftöpfchen bestellt und wollen uns am ersten Tag mit Danny und Kati treffen. Mache mir jetzt schon Gedanken um Weihnachten und Silvester. Weihnachten könnte ich mit Arbeit zu Hause ertragen, aber Silvester mit vielen Erinnerungen an Urlaub in Malaga vor drei Jahren (drei Tage vor Abflug hat Andreas mit mir Schluss gemacht), das geht gar nicht. Köln wird wohl meine Stadt werden - habe tolles Arrangement über „Journalisten-Treff" auf dem Rhein gefunden, Karten gekauft und bezahlt. Hotel suchen wir vor Ort - alles wird gut!!

30. Oktober

Freue mich sehr, dass Gisela alles mitmacht und mir hilft wo sie nur kann. Hat gestern vier Stunden im Wartezimmer beim Zahnarzt verbracht, um mich anschließend nach Hause zu fahren. Habe vier neue Kronen bekommen und viele, viele Spritzen. War gestern Abend einfach nur platt. Sie hat einen schönen Satz geprägt, den ich mir merken werde: „Andreas hat Dich von 100 auf 0 vom Himmel in die Hölle geschickt." Ich setze noch dazu: Und dort bei lebendigem Leibe verbrannt. „Vor drei Jahren habe ich gesagt, dass ich ihn verhaue, wenn er Dich nicht glücklich macht", sagt sie und wartet auf die Gelegenheit. Wenn ich grantig oder wortkarg bin, gibt sie mir „Trennungswelpenschutz" und dann müssen wir beide drüber lachen, fühle mich bei ihr gut aufgehoben und verstanden. Jeden Tag stirbt ein Stückchen Andreas mehr.

1. November

Drei Tage Köln - einfach nur schön und ideal, um Kopf wieder frei zu machen, zweimal Treffen mit Danny und Kati, so liebevoll und einfühlsam, Thema Andreas blieb außen vor - mit Gisela tolle Freundin an meiner Seite. Sie reagiert nur, wenn ich das Gespräch über die Trennung suche. Ich bin total dankbar für ihr Fingerspitzengefühl, für ihr großes Verständnis und vieles mehr.... Wir haben mit Kabarettabend und Ausstellung „art fair" kulturelle Highlights erlebt. Das Beste: Haben ein super schönes und bezahlbares Vier-Sterne-Hotel für Silvester-Event gefunden und gebucht. Schwimmbad und Wellness inbegriffen. Super, dass Silvester jetzt gebucht ist. Danny und Kati wollen uns ihr Gästezimmer zur Verfügung stellen, ganz, ganz lieb gemeint, aber an diesem wichtigen Tag am Ende des Jahres geht das gar nicht.

Nächste Woche buchen wir noch günstige Bahnfahrt - dann haben wir alles unter Dach und Fach. Freue mich total.

Am Abreisetag SMS von Andreas bekommen. Soll einen Terminvorschlag machen, weil er mir meine Sachen zurückgeben möchte, melde mich nächste Woche, wenn meine Termine für die Zeitungen feststehen. Fühle mich momentan gut. Wenn ich Gisela, Danny, Mark und meine Geschwister mit Familien nicht hätte, wäre ich nicht mehr. Das Leben ist schön und alles ist offen. Bei meiner Rückkehr aus dem Kurzurlaub habe ich die Nachricht erhalten, dass ich zur Schöffin gewählt worden bin, das ist jetzt das zweite ehrenamtliche Engagement nach der Vorlesepatin. Das tut mir gut und gibt Mut, weiter optimistisch nach vorne zu schauen.

2. November

SMS Gisela: gerade Aufzeichnungen gelesen: KEINER darf dir so weh tun, dass dein Leben nicht mehr lebenswert ist!!

3. November

OHNE DICH - ZWEI WORTE

SO LEICHT ZU SAGEN

SO SCHWER ZU ERTRAGEN

5. November

Brief von J.P.

Liebe Angelika,
niemand lehrt einen das, was man ab solchem Moment leisten muss. Der Weg entsteht beim Gehen bzw. Fallen. Ich weiß, wovon ich schreibe.
Geschrieben? Habe ich wohl zehntausende Zeilen, auch und gerade an meine Nochfrau. 30 Jahre müssen wohl über eine vergleichsweise längere Zeit zu Grabe getragen werden, wenn sie auf eine solche Art beendet werden; brutal, sicher zunächst unabsichtlich schroff und gedankenlos, aber im Effekt immer verletzend, erniedrigend, demütigend.
Eine der vielen früher für abgegriffen gehaltenen Phrasen wie „Den Boden unter den Füßen verlieren" ist auch „Man erkennt erst dann, welchen Wert Freundschaft hat." Beides stimmt in einem ungeahnten Maß.
Für den Fall, dass langsam weniger dunkel werdende Schatten zurückkehren – und bei mir tun sie das immer wieder einmal – sei Dir sicher, dass Du mich jederzeit anrufen oder mal `nen Kaffee oder Wein mit mir trinken kannst. Ich schick Dir einen lieben Gruß.

Meine Antwort:
Danke für die lieben Worte, das mach` ich bestimmt, wenn die erste Schockstarre vorbei ist, das Tagebuch-Schreiben hilft mir, alles zu verarbeiten, aber es ist doch ein ständiges Auf und Ab. Werde das Buchprojekt ein Jahr durchziehen und dann veröffentlichen, nicht zuletzt auch, um anderen Betroffenen ein Fünkchen Hoffnung zu geben. Hast Du meine Aufzeichnungen gelesen?, gib sie gerne auch an A. weiter, sie ist ein tolle Frau mit sehr viel Verständnis und Einfühlungsvermögen, drück` Euch beide!!!

6. November

Jetzt wissen es auch meine Schwester Petra und Muma. Beide sind zutiefst betroffen, schockiert. Trennung reißt so tiefe Wunden und die Seele wird geschunden. Fühle mich heute klein und leer und hasse mich dafür.

Gisela: „Hör endlich auf, die Schuld bei Dir zu suchen"… Ich wüsste auch gar nicht, was ich gemacht haben könnte. Einladung zu Uwes 50. Geburtstag bekommen. Ich gehe hin, nicht zuletzt auch deshalb, weil ich mich bei allen Freunden persönlich für ihre lieben Worte bedanken möchte.

Nach einigem Hin und Her habe ich mich jetzt für Freitag 11.15 Uhr, nach Vorlesetermin im Kindergarten, mit Andreas verabredet wegen Rückgabe meiner Sachen.

Donnerstag Treffen in Münster mit Frau Licht, verspreche mir viel davon, auf dem Anrufbeantworter hat sie eine sympathische nette Stimme, ist ja einen Versuch wert auf dem Weg, dass es mir besser geht. Hatte eine Anzeige gefunden mit Angebot von Akupunktur gegen emotionalen Stress.

Heute Abend im „Las Tapas" mit Gisela meinen Gutschein eingelöst, den ich für die Party am 21.September geschenkt bekommen hatte, es war super lecker!! Jetzt um 20 Uhr mit meinem Tagebuch allein, hänge meinen Gedanken nach…

Ganz liebe mail von A.R. bekommen

Liebe Angelika,

deine Mail hat mich ja umgehauen, ich kann es einfach nicht fassen und dass es Dir beschi...... geht und Du keine Telefongespräche haben möchtest, kann ich mir nur zu gut vorstellen, ich wüsste auch gar nicht wie ich Dich trösten könnte - was geht nur bei Andreas durch den Kopf - hat er vielleicht die Midlifecrisis?????? Verstehe einmal die Männer - er weiß bestimmt nicht was er will, denn ihr passt doch einfach zu gut zueinander. Doch leider bist Du diejenige, die darunter leiden muss, was mir unheimlich leid tut - das hast Du nicht verdient!!!!!

Fühle Dich ganz lieb von mir umarmt, und wenn Du irgendwann drüber reden kannst oder willst, stelle ich gern mein Ohr zur Verfügung. Bis dann mal und ganz lieben Gruß.

6. November

Gestern morgen zweieinhalb Stunden mit U.V. im Café gefrühstückt, war ein sehr nettes Gespräch.

Es ist so viel, was mir jetzt weiter hilft, so viel Verständnis für meine Situation, so viel Mitgefühl. Habe Andreas nie schlecht gemacht, im Tagebuch nur meine Gefühlssituation geschildert, echt und real. Versuche mich abzunabeln - gelingt mir irgendwann, da bin ich mir ganz sicher.

Das Buch „Loslassen" hat mir so viel Inspiration gegeben, dass ich auf Yoga neugierig geworden bin. Werde im Dezember „Power-Yoga" mitmachen - auf zu neuen Ufern.

Was habe ich nicht schon alles geschafft? 1998 endlich Trennung von Macho Wolfgang nach 26 Ehejahren und trotzdem noch monatelang abhängig gewesen, aber unfrei und unglücklich. Erst in der Beziehung mit W2 und später W3 wieder neues Selbstbewusstsein bekommen. Traummann Andreas lernte ich 2004 kennen - dazwischen hatte ich viele Beziehungen, die alle von mir beendet wurden, weil sie nicht passten. Andreas und ich waren ein „Kopf und ein Arsch" - beide beruflich autark, beide Humor und Spaß ohne Ende, beide Vertrauen pur und immer füreinander da - bis zum Knöchel-Bruch in Bad Neuenahr. Gerade zu Hause angekommen: „Ruf mal Gisela an, Hilfe und Pflege sind jetzt Frauensache." Montag, Dienstag nichts gehört, am Mittwoch habe ich angerufen. „Interessiert Dich nicht, wie es Deiner Liebsten geht?" Seine Antwort: „Viel zu tun". Meine Antwort: „Auch bei noch so viel Arbeit machst Du auch mal Pause, trinkst irgendwo einen Kaffee und könntest anrufen…" Anfang vom Ende?

Warum habe ich das nicht bemerkt, mich mit Argumenten getröstet wie „viel zu tun". Reden mit ihm ging gar nicht. „Was willst Du von mir?", war die einzige Antwort, wenn ich mal versucht habe, tiefer zu dringen. Das war wie eine „Ohrfeige". Großen Fehler gemacht, dass ich das einfach so hingenommen habe. Warum hat er mir das angetan, warum hat er nie ein Wort gesagt, mich nicht mitgenommen auf den Weg der Abnabelung und Trennung? Das empfinde ich als unfair. Lässt mich mit allen Problemen allein - das habe ich nicht verdient! Umso dankbarer bin ich für die vielen positiven Reaktionen aus meinem Umfeld. Ein Jahr lang werde ich meine Aufzeichnungen weiter führen und dann zum Jahresende für mich entscheiden, wie ich mein Buch veröffentlichen werde. Habe so viel Unterstützung, Verleger in Aussicht und ansonsten im Eigenverlag. Kein Problem - verzichte auf alles, halte jeden Euro zurück und stecke ihn in mein Projekt mit dem Ziel, auch anderen damit helfen zu können.

Gisela ist sauer. Habe ihr heute gesagt, dass ich die ständigen Aussagen wie „Ich bin immer für Dich da, Du weißt wo ich bin" und „würde so gern noch mehr für Dich tun" nicht mehr hören kann und will - sie spiegelt genau mein Verhalten in der Beziehung zu Andreas. Ich habe mich auch so klein gemacht.

„Geli, bleib bei Dir." Dieser Satz einer guten Bekannten hat eine ganz besondere Bedeutung für mich und hält mir einmal mehr einen Spiegel vor, in den ich jahrelang nicht gesehen oder ignoriert habe. Aber auch Gisela hat Recht, wenn sie mir sagt, dass ich die Schuld nicht bei mir suchen darf. „Warum, warum, warum?" Keine Antwort auf die vielen Fragen, die ich habe. Das tut so weh.

„Tagebuch einer Trennung" habe ich bereits ab 1998 geschrieben, als ich mich von Wolfgang getrennt hatte. Ich habe 2005 im Malaga-Urlaub Aktenordner mitgenommen und versucht, ein Buch daraus zu machen, konnte vor Tränen und emotionaler Belastung Urlaub nicht genießen - habe den Versuch abgebrochen und die Unterlagen im Aktenschrank verschlossen. Das einzige, was heute noch Gültigkeit hat, ist vielleicht das Vorwort und auch der Schluss mit einem Zitat meiner Lieblingsautorin Bettina Wegner: „Es ist so wenig, was ich hinterlasse ….."

Gisela, Danny, Mark und all meine Freunde, momentan kann ich Euch nicht enttäuschen und wenn ich irgendwann gehe, hoffe ich auf Euer Verständnis. „… und nur die Wärme, die ich manchmal hergab, ist, was ich hinterlassen kann." Gebt diese Wärme weiter und macht das Leben für andere ein Stück liebenswerter, setzt Euch ein für Flüchtlinge, für arme Menschen, für Unterdrückte. Mehr will ich nicht.

PS: Ich will keinen Eichensarg, ich will keine Blumen auf meinem Grab, gebt mir jetzt, was ich brauche.

7. November

Puh, gerade Aufzeichnungen abgeschrieben, war wohl ganz schön verzweifelt gestern Abend.... Dabei kann es noch so viel Schönes geben. Und das Buchprojekt wird vollendet. Versprochen!!!!!!

8. November

Es war ein anstrengender, aber für mich durchaus erfolgreicher Tag. Früh morgens Artikel über Termin gestern Abend geschrieben, anschließend Vorlesestunde im Kindergarten, die Begeisterung der Kleinen und ihre Anhänglichkeit lassen mich privaten Stress vergessen.

11.15 Uhr Verabredung mit Andreas wegen Klamotten-Rückgabe. Fragen vom ihm und Vorwürfe wegen Tagebuch. Ich konnte gut kontern und im Laufe des Gesprächs das einbauen, was sich in meinem Kopf einbetoniert hat, bis zum Schlusssatz: „Ohne Dich - zwei Worte - so einfach zu sagen - so schwer zu ertragen".

Anschließend volles berufliches Programm mit Jahreshauptversammlung in Enniger und Kabarett in Ennigerloh. Gisela ist ein Schatz, mit ihr kann ich alles Revue passieren lassen, sie nimmt mich wie ich bin und ich kann bei ihr sein wie ich bin - muss mich nicht verstellen, bin im Moment auch noch sehr verletzlich - und so dankbar für ihre Unterstützung und Hilfe. Das Wochenende ist voll mit Terminen, und ich freue mich auf ein Treffen am Nachmittag mit Mark.

9. November

Mit Mark nach Warendorf ins Altenheim gefahren und Muma besucht, sie hat sich sooooo gefreut. Abends mit Gisela beim Thai in Ennigerloh gegessen.

10. November

Heute Nachmittag schon wieder kulturellen Termin mit Theaterlabor Münster. Das 60-Minuten-Stück, die emotionale Entwicklung eines Paares von Wolke Sieben bis in den Abgrund der Trennung, war sehenswert. Das Schreiben des Artikels ist mir innerhalb von zehn Minuten leicht von der Hand gegangen, das Stück hat mich berührt und Parallelen zu unserer Beziehung aufgezeigt, wobei das Thema Sprachlosigkeit im Mittelpunkt gestanden hat.

Habe abends noch viel nachgedacht und plötzlich eine komische Wut auf meine Schwester Ulla bekommen. Andreas hatte sich von der Autobahn bei ihr gemeldet und wollte sie besuchen. Ulla hat erst am nächsten Morgen die SMS gesehen und zurück geschrieben: „Schade, wir waren zu Hause, hätten uns sehr gefreut, Dich wieder zu sehen." Das hat mich in Rage gebracht. Meine Reaktion ist ja vielleicht kleinlich und kurzsichtig: „Ulla, Du musst Andreas keine Wunden lecken, während Deine Schwester am Abgrund steht."

11. November

Schon beim Aufstehen fiel mein Blick auf diesen Satz, den ich abends geschrieben hatte. Unter der Dusche habe ich dann überlegt, ein ehrliches Gespräch mit Ulla zu suchen. Es war dann auch so positiv, dass die Fronten wieder geklärt sind.

13. November

Komme gerade von einem eineinhalbstündigen Besuch bei Timo. Ich habe seine Aufzeichnungen (87 DIN-A 4 Seiten) redigiert und sein Buch „Vom Nullpunkt in ein neues Leben" jetzt fertig gestellt. Er ist Alkoholiker, ist dem Tod gerade mal von der Schüppe gesprungen, hat viele Therapien mitgemacht und ist seit drei Jahren trocken. Jetzt leitet er eine eigene Selbsthilfegruppe bei der Caritas und eine Bogenschießgruppe für Menschen, die mehrfach suchtabhängig sind. Ich habe erreichen können, dass die „Bürgerstiftung Ahlen" sein Buch finanziell unterstützt. Habe mir das Ziel gesetzt, dass es in allen Bibliotheken der weiterführenden Schulen und in Suchteinrichtungen präsent ist. Das bewirkt mehr als ärztlicher Rat oder der erhobene Zeigefinger eines Sozialarbeiters. Vor dem Hintergrund, dass Koma-Saufen bei Jugendlichen immer mehr zunimmt, könnte das Buch ein richtiger Weg sein. Vom 21.Juni 2013 bis heute habe ich daran gearbeitet und bin auch ein bisschen stolz darauf. Ich werde den Fachbereichsleiter der Suchtberatung bei der Caritas um ein Vorwort bitten, er hat Timo acht Jahre lang begleitet. Wenn das klappt, bin ich glücklich!!!!! Habe so viel Vertrauen zu Timo entwickelt, dass ich ihm meine Geschichte erzählt und auch das Tagebuch geschickt habe. „ Wenn Du meine Hilfe brauchst, auch als Neutraler eine Sache zu beleuchten, rufe mich an oder komm' vorbei", hat er beim Abschied gesagt.

15. November

Gestern ersten Termin bei Frau Licht in Münster gehabt. Die Akupunktur für seelisches Gleichgewicht und auch das Gespräch mit ihr haben so gut getan - fühle mich total aufgehoben, sie kennt mich und mein Umfeld nicht - das ist eine große Chance.

Heute geht es mir zum ersten Mal so richtig gut, bin wieder locker, humorvoll und blicke positiv nach vorn - der Einsatz hat sich gelohnt, werde nächste Woche noch mal zwei Sitzungen haben und freue mich darauf. Heute Morgen Generalcheck bei meiner Hausärztin. Ich hatte ihr im Vorfeld als gute Bekannte und Vertraute die ersten Aufzeichnungen meines Tagebuchs geschickt. Sie hat mich nicht nur gut verstanden, sondern auch deutlich gemacht: „Fange nie wieder mit diesem Mann etwas an, Du fährst Achterbahn. Wer Dich so verletzt, hat keine zweite Chance verdient." Recht hat sie, ich habe ihr deutlich gemacht, dass das für mich auch gar nicht in Frage kommt.

Gestern wollte ich Andreas Unternehmensberater und guten Freund anrufen und ihm die Frage nach dem „Warum" stellen. Es war nur die Mailbox geschaltet, ich wollte nicht mit der Maschine reden. Heute habe ich meine Meinung geändert und werde nicht mehr anrufen: Was bringt mir das denn? Er wird zu Andreas stehen und nichts sagen oder sich rausreden. Gerade Diskussion mit Gisela darüber gehabt. Gestern hat sie meinen Plan noch voll akzeptiert, heute schon differenziert: „Richtig, dass Du Dich nicht noch mal gemeldet hast, käme auch bei Andreas nicht gut an." Verdammt noch mal, kann man nicht ehrlich und auf Augenhöhe kommunizieren? Ich würde es mir wünschen, dass sie weniger Rücksicht nimmt und ihre Meinung klar äußert.

Apropos: Habe heute Nachmittag zwei Karten für eine tolle Veranstaltung auf der Zeche gewonnen. Da geht es auch um Kommunikation. Isabel Garcia ist eine hochkarätige Referentin, dementsprechend teuer sind die Karten.

Ich habe nach fast zwei Monaten jetzt so viel Stabilität, dass ich meine engsten Freunde wieder in den Fokus nehme und mich verabrede. Den Großteil werde ich bei Uwes 50. Geburtstag sehen und ihnen für ihre Unterstützung danken können.

Ich fühle mich wohl - mir geht es gut, alles ist immer möglich.

„Nimm die Träume in die Hand und trau Dich und mach das Beste aus Deinem Leben und misch Dich ein."

Es ist schön auf der Welt, und ich bin gespannt und neugierig auf alles, was noch kommt.

Loslassen, loslassen, loslassen und neu orientieren!!!!

Nur das „Jetzt" zählt. Hier und jetzt, nicht warten - wo will ich hin mit meinem Leben?

Ich habe Anna in der letzten Woche besucht. Sie war total schockiert, als sie von der Trennung erfuhr. Sie ist so herrlich herzlich und emotional.

Heute Morgen wieder nette Gespräche mit meinen Geschwistern gehabt, das baut auf. Alle stehen voll hinter mir und zu mir!! Rudi und Ruth kommen am Donnerstagabend zu mir, freue mich!!

19. November

Heute Mittag wieder in Münster bei Frau Licht gewesen, Gespräch war sehr positiv und Akupunktur gegen emotionalen Stress scheint wirklich zu helfen - keine Einbildung. Ich kann los lassen - trotzdem tut es weh, wenn ich Bilder von seiner (unserer geplanten) Mallorca-Reise auf Facebook sehe.

...was ist los, dass mein Selbstwertgefühl in den Keller geht, wenn ich solche Facebook- Meldungen lese und sein Bild mit Austin Healey sehe - von mir gemacht während Oldtimertour. Die Beifahrertür steht noch offen - absichtlich ausgewählt, um mich zu ärgern? Waren schöne Zeiten, aber nicht wieder zurück zu holen (das „leider" habe ich gerade wieder gestrichen).

Alles schön, alles schlecht und ich dazwischen.

Oh Mist, jetzt nicht schon wieder Selbstmitleid, aber das Pflaster sitzt an einer Stelle doch noch ganz fest.

Alles tut mir im Moment gut, was mich weiter bringt, bin neugierig und an allem interessiert. Tollen Abend mit Kommunikationstrainerin Isabel Garcia erlebt.

Kein Blick zurück im Zorn - genieße diese neue Freiheit und freue mich auf den nächsten Termin bei Frau Licht am Freitag.

20. November

Vorleseoma, Jugendschöffin, ist das genug für gesellschaftliches Engagement? Im Dolberger Asylbewerberheim habe ich versucht, eine Fahrradaktion zu starten. Jeder „Tropfen" macht jemanden glücklich und zeigt mir den Sinn des Lebens. Ich möchte von ganz vielen Tropfen, die ich bekomme, ganz viele abgeben. Ich bin ein Glückskind. Gisela hat Recht: „Du musst alle vier Jahreszeiten durchleben, bevor Du die Trennung verkraftet hast".

22. November

Gestern Abend waren Ruth und Rudi da, Gisela auch. War ein total schönes Treffen mit interessanten Gesprächen abseits vom Beziehungsstress. Bin gerade dabei, alle auf Eis gelegten Kontakte zu reaktivieren. Nächste Woche Mittwoch bei Familie L., freue mich und bringe Veronika Ferres Buch „Nein, mit Fremden geh ich nicht" für die Kleinen mit. Heute Morgen wieder Vorlesestunde im Kindergarten, sooo viel kommt da rüber und die Freude ist so echt.

Fahre gleich mit Gisela nach Münster….

23. November

Reaktion K.S.

Hallo Angelika,

bin völlig schockiert, da hast Du ja einiges einstecken müssen und musstest trotzdem funktionieren. Hochachtung, wie Du das gemeistert hast! Wer bist Du denn auch!! Habe Dein Tagebuch gelesen, bin sehr gerührt und stehe immer noch unter dem Eindruck des Gelesenen. Dass das veröffentlicht werden muss, ist Dir ja wohl klar. Wenn Du mehr Abstand gewonnen hast, wird das Ganze überarbeitet zum „Bestseller". Den letzten Eintragungen merkt man an, dass es Dir „etwas" besser geht, obwohl es einfach seine Zeit braucht - hast Du einfach nicht verdient. Ich finde es ganz toll, dass Dir Deine Freundin Gisela und natürlich Deine Familie Halt und Kraft geben - man merkt erst wenn es einem schlecht geht, auf wen man sich verlassen kann. Gut, dass Du solche Menschen hast.

Angelika, was soll ich Dir sagen - wenn Du Zeit, Lust und Kraft hast - Anruf/E-Mail genügt, ich komme oder Du kommst, einfach auf einen Kaffee/Wein etc.. für eine halbe Stunde oder eine lange Nacht. Ich geh auch mit Dir aus, was Du willst. Ich fand unsere Treffen auch immer sehr schön. Alle zusammen schaffen wir es doch wohl, dass Du wieder ganz die alte Angelika wirst.

Ganz liebe Grüße

Diese liebe e-mail habe ich vorgefunden, als ich heute Morgen meinen Computer eingeschaltet habe. Schöner geht`s doch nicht, bin so dankbar!!!

Hatte am Freitagnachmittag Hypnotherapie bei Frau Licht in Münster. Sie hat mir die Geschichte vom Fluss erzählt, der in der Wüste versandet. Er lässt sich helfen vom Wind und kommt über den Berg, Regentropfen fallen zurück auf die Erde, alles ist wieder im Fluss... so auch der Mensch. Ich habe viel gelernt: das Negative in die linke Hand legen, lange Zeit betrachten und dann loslassen - in die rechte Hand die Visionen legen (wie soll meine Zukunft aussehen, wo will ich hin, was sind meine Ziele?). Am Ende verspürte ich einen kräftigen Energieschub. Das abschließende Gespräch hat mir viel gegeben, tiefe Dankbarkeit erfüllt mich.

Mit Gisela danach im „Besitos" super unterhalten. Dann haben wir in einem Feinkostgeschäft Leckereien eingekauft und zu Hause genüsslich verzehrt. Unspektakuläres kann so schön sein.

Morgen bin ich ausgebucht mit drei aufwändigen Terminen. Ich genieße mein neues Leben, habe das alte abgeschüttelt. Es geht mir gut wie lange nicht mehr. Loslassen, loslassen, frei sein - nur so geht es. Ich blicke positiv nach vorn.

Timos Buchprojekt hat jetzt erst einmal Priorität, dann kommt meins.

Mein gemütliches Zuhause ist mir wichtig, aber auch soziales Engagement. Habe mich total gefreut, dass Gisela heute Abend ihre Bereitschaft erklärt hat, die Arbeit in und für das Asylbewerberheim zu unterstützen. Klasse, schön, total super und befriedigend diese Aussichten. Ist doch einfach nur schön, ich kann machen was ich will, muss keine Rücksicht auf niemanden nehmen und kann allen Interessen nachgehen. Was will ich mehr? Und dazu eine tolle Freundin, viele Freunde und Bekannte, aber auch solche, die sich nie mit mir und meinen Einstellungen solidarisch erklären können: damit kann ich sehr gut leben. Mehr noch - davon trenne ich mich gerne und ohne Reue.

Reaktion S.F.

Liebe Angelika,

herzlichen Dank für Dein Vertrauen und die Aufzeichnungen. Ich hatte keine Ahnung, dass Du so eine schwere Zeit hinter Dir hast. Manchmal steht man wohl auf der Leitung, weil man vor lauter eigenen Bäumen den Wald nicht erkennt, in dem sie stehen. Und einmal mehr: Hut ab - ganz schön tough, wie Du das trotz aller emotionaler Belastung stemmst.

Wenn Du mal Kaffee trinken magst und nicht weißt mit wem (was bei Dir vermutlich nie vorkommt) - ich stell mich gern als Begleitung zur Verfügung.

Die Adresse von der „Akupunkteuse" nehme ich für alle Fälle gerne mal. Ganz liebe Grüße zurück

P.S.: Der hat Dich nicht verdient (klingt abgedroschen, ist aber nun einmal so).

Antwort:

Das tut mir richtig gut, würde gern mal mit Dir Kaffee trinken oder Dich zu mir nach Hause einladen, wenn Du Dich wieder eingelebt hast, ganz lieben Gruß zurück !!

Reaktion S.F.

Ja, das halten wir fest. Und wenn Dir zwischendurch mal nach Tapetenwechsel ist und Du das Gefühl hast, eine Begegnung wäre richtig oder ich sonst etwas tun kann - meine Nummer hast Du.

Es tut mir nun umso mehr leid, dass ich mich auf Deine beiden SMS nicht gemeldet habe - Einigeln kann eben manchmal ziemlich unberechenbare Nebenwirkungen haben. Findest bei mir jetzt jedenfalls jederzeit eine freie Leitung.

Ach Mensch, Du bist einfach ein tolles Frauchen und Du kannst sicher sein, dass etliche Männer glücklich wären, wenn Sie Dich auf Händen tragen dürften.

Wenn Beziehungen zerbrechen ist das immer eine elende Geschichte. Aber so ein unvermittelter Schlag tut doppelt weh und erfordert umso mehr Kraft. Die wünsche ich Dir weiterhin und finde es einfach großartig, wie Du den Stier bei den Hörnern packst.

Wenn Du es zulassen kannst, wird ein neuer Mensch in Dein Leben treten, denn ich glaube die Schlange derer, die sich darüber freuen, mit Dir Zeit zu verbringen, ist lang. Das zeigen ja alleine schon die herzlichen Reaktionen auf Eure Trennung.

26. November

Heute eine liebe Mail von M. erhalten. „Das mit dem -gute Freunde bleiben- vergiss mal", hat sie mir aus eigener Erfahrung geschrieben. Recht hat sie, auch bei Andreas und mir ist das Tischtuch zerschnitten. Treffen auf freundschaftlicher Basis werden nicht mehr stattfinden, er ist sauer, dass ich das erste Kapitel meines Tagebuchs Freunden zu lesen gegeben habe. Bin ja gespannt, wie er Samstag bei Uwes Geburtstag reagieren wird, wenn ich dort auftauche. Ich bin eingeladen und gehe hin, muss mich nicht verstecken!

Hatte bei Frau Licht in der Hypnotherapie meine gemütliche Wohnung als Ort des Rückzugs vor Augen und den Blick auf den See in Goslar inmitten freier Natur und Wald. Ich habe dort vor einigen Jahren einen schönen Wanderurlaub mit Gisela verlebt. Das war mir heute Morgen wieder so präsent, dass der erste Gedanke war: da muss ich wieder hin. Ich bin bei Gisela mit dem Vorschlag auf Zustimmung gestoßen - das machen wir!!

Das von Julia Licht empfohlene Buch mit CD „Liebeskummer, ich heile Dein gebrochenes Herz" ist angekommen. Ich habe die CD gleich in der Mittagspause gehört - sie hat Wirkung gezeigt und ist eine tolle Ergänzung zur Therapie in Münster. Bin momentan stabil und gut drauf, das verwundert viele, mich freut`s. Nur so geht`s. Habe in meinem Kopf neue Software aufgespielt und die alten Programme gelöscht. Aus und vorbei!!

Ich versuche alles Positive der letzten zehn Jahre auszublenden und durch Zukunftsvisionen zu ersetzen: zwei Buchprojekte, Kultur, soziales Engagement - der Weg ist geebnet. Merke, wie ich Kontakt zu Menschen, die mir wichtig sind pflege und verstärke, andere lasse ich fallen. Sie waren mir nie so wichtig - ich war ihnen nie so wichtig. Ich darf und muss auch mal einen Schnitt machen, die Spreu vom Weizen trennen. „Everybody`s Darling is everybody`s Depp", sagt ein altes englisches Sprichwort.

Freue mich auf morgen Abend, wenn ich Familie L. besuche. Ich habe wieder Kraft und Energie, das Leben bietet so viel mehr. Habe ein neues Selbstwertgefühl entwickelt, das mich stark macht. Welche Entwicklung habe ich in den zurückliegenden zwei Monaten mitgemacht? Aus der Tiefe wieder nach oben mit so viel positiven Gefühlen, so vielen Vorstellungen von einem neuen Selbstbestimmten Leben.

Blick zurück: Ich habe diesen Mann so geliebt, dass ich mich selbst dabei verloren habe, wollte immer nur das Beste für ihn. Habe immer öfter große Sehnsucht ganz für mich zu sein, genieße die Ruhe, das Innehalten und Kraft schöpfen. Das Beste aus der Situation machen, viel lernen, neue Erfahrungen sammeln, mit und in mir glücklich sein, Momente genießen und Leben als tolles Geschenk zu begreifen. Es gibt noch so viel zu erleben und zu genießen, ich muss mich nicht über einen Mann definieren.

Ich habe Timos Manuskript an die Bürgerstiftung geschickt. Hoffe, dass es klappt und freue mich, wenn er anruft und fragt, wie es mir geht!!

1. Dezember

Geschafft! Die Begegnung mit Andreas auf Uwes Feier: ein Handschlag - „Guten Abend" - dann Distanz. Schön, die Freunde wieder zu treffen, und auch hier trennt sich die Spreu vom Weizen. 22.30 Uhr war dann auch lange genug und für mich Nagelprobe und Belastung zugleich, die ich erfolgreich gemeistert habe.

2. Dezember

Liebe Wortschätzchen,

ich bitte Euch heute um Verständnis, dass ich künftig nicht mehr an den Wortschätzchen-Treffen teilnehmen möchte. Aufgrund meiner veränderten Lebenssituation werde ich mich beruflich noch stärker ins Zeug legen und habe daher weder die Zeit noch den Kopf frei, die vorgeschlagenen Bücher in dem gegebenen Zeitrahmen zu lesen. Ich wünsche Euch allen ein zufriedenes Weihnachtsfest und für das neue Jahr das Allerbeste.

Heute Abend Einladung von Ingrid gehabt, tolle Gespräche und großes Verständnis und Zusammenhalt gespürt: „Wie kann man so eine tolle Frau verlassen? Du bist intelligent, beruflich erfolgreich, sozial engagiert. Was kann sich ein Mann Besseres wünschen?" sagt Ingrid und wir finden keine Antwort darauf. Tut einfach nur gut, diese Unterstützung von ihr zu haben.

Gisela ist ein echter Schatz und zur Stelle, wenn ich sie brauche - gilt aber auch umgekehrt. Heute Morgen haben wir ein schönes Frühstück in Hamm gemeinsam genossen.

4. Dezember

Hatte gestern Abend einen schlimmen Durchhänger. Ich merke so eine Gegenbewegung - ausgelöst von Andreas, quasi als seinen eigenen Selbstschutz. Ich verstehe das, auch wenn ich ihn nie angegriffen habe. Was bist Du für ein Mann, dass Du mich so verletzen konntest, was hast Du Deinen Freunden erzählt? Habe auf Uwes Geburtstagsparty bei einigen Freunden Reserviertheit gespürt. Gott sei Dank waren es diejenigen, die mir eh nicht viel bedeutet haben. Ich bin stolz darauf, dass doch so viele zu mir halten, mich verstehen und unterstützen. Ist ja auch okay, dass er sich verteidigt, aber wo bleibe ich? Immer wieder stelle ich mir die Frage: „Warum bist Du gegangen? Und warum ohne ein offenes Gespräch?" Das ist unfair, das habe ich nicht verdient und muss es trotzdem so hinnehmen und akzeptieren.

Ich freue mich, dass es mit Timos Buch voran geht, sein Sozialarbeiter hat ein schönes Vorwort geschrieben, jetzt warte ich auf die Entscheidung der Bürgerstiftung und des Caritasverbandes.

10. Dezember

So langsam kehrt wieder Ruhe ein. Familienfest am Samstag gut überstanden - alle waren locker, lustig und gut drauf, und dass ich als Überraschungsgast unser früheres Kindermädchen und Haushaltshilfe Tante Inge, heute 79 Jahre alt, eingeladen hatte, kam mehr als gut an. Ihr Sohn hatte sie eigens aus Osnabrück her gebracht. Das Buffet ist auch super angekommen.

Einen Tag vorher Paket bekommen mit dem Absender: Nikolaus. Inhalt: selbstgebackene Plätzchen, Schoko-Nikolaus, selbst gekochte Marmeladen in „Love-Papier" gewickelt - da hat der Nachbar wieder zugeschlagen wie der Schriftvergleich mit seinen alten Präsenten schnell deutlich gemacht hat. Ich empfinde es einfach nur als peinlich, soll mich doch in Ruhe lassen.

12. Dezember

Weihnachtsmarkt-Eröffnung, habe mich mit Gisela und Ingrid verabredet. Wir haben Sabine und Siglinde getroffen, sie waren total ahnungslos von der Trennung.

Ich hatte heute Abend ungutes Gefühl, Andreas zu treffen. Ich hoffe nur, Weihnachten und Silvester sind bald vorüber.

Meine Magenprobleme sind hausgemacht. Gisela hat Recht, wenn sie sagt, dass die ganze Kotzerei psychisch bedingt ist - diese Durststrecke schaffe ich auch noch - und im neuen Jahr geht es sicherlich bergauf - hoffentlich!!

13. Dezember

Ich habe ihn zwar nicht persönlich gesehen, aber als Gisela mir erzählt hat, dass er mit seinen/unseren Freunden am Glühweinstand steht, habe ich doch wieder Panik bekommen. In aller Eile Fotos des Wintercitylaufs geschossen und dann schnell nach Hause. Eine Begegnung mit ihm muss ich nicht haben.

17. Dezember

Reaktion S.B.

Liebe Angelika. Vielen Dank für Dein Vertrauen. Ich habe gestern Dein Tagebuch gelesen und war sehr aufgewühlt und traurig. Bin nur froh, dass Du Gisela als beste Freundin hast. Musste natürlich auch wieder an all meinen Liebeskummer und die Enttäuschungen denken, die ich erlebt und empfunden habe.
All Deine Freunde haben gesagt, dass Du eine tolle, starke und schöne Frau bist, das kann ich nur bestätigen!!!! Bleib wie Du bist. Hoffe auf ein baldiges Wiedersehen und wünsche Dir das Allerbeste. Ich drück Dich.

20. Dezember

Bin ich froh, wenn die Feiertage vorbei sind und der Alltag wieder Einzug gehalten hat. Jetzt ist die Trennung schon drei Monate her, aber ich ertappe mich immer wieder dabei, dass ich Angst habe, Andreas zu begegnen, irgendetwas auf Facebook von ihm zu lesen oder sonst etwas. Auf der anderen Seite kann ich mich nicht beklagen. Ich habe liebe Weihnachtsgrüße bekommen von denen, die hinter mir stehen und mich abgenabelt von denen, die mir sowieso nie wichtig gewesen sind.

Tolle Unterstützung von Gisela nach wie vor, immer zur Stelle und leidensfähig bei meinen Ungerechtigkeiten und emotionalen Ausbrüchen.

Habe jetzt mein I-phone und bin stolz, einige Dinge allein geschafft zu haben. Freue mich, dass Danny und Mark Heiligabend kommen und Gisela auch. Noch mehr freue ich mich auf Silvester in Köln. Zitat Gisela: „Auf dem Schiff kannst Du endgültig alles über Bord werfen und positiv ins neue Jahr gehen." Ja, sie hat Recht - das wird ein tolles Jahr werden, an dem am Ende ein Buchprojekt steht, für das ich lebe. Ich schaffe das, ich glaube daran und mit mir ganz, ganz viele andere Menschen, sogar meine Heilpraktikerin aus Münster ist davon überzeugt. Das gibt mir Auftrieb, ich habe ein Ziel!!

Ich denke oft nach und versuche zu verdrängen - es waren neuneinhalb schöne Jahre, außergewöhnliche Jahre. Wir haben beide viel gelacht, viel Spaß gehabt und uns immer gemeinsam nie einsam gefühlt. „Du bist meine Allerbeste". Dieser Ausspruch kam nicht einmal, zweimal, sondern immer dann, wenn er es wirklich so meinte, sogar noch kurz vor der Trennung. Sein zärtlicher Umgang mit mir hat sogar meine Geschwister neidisch gemacht.

Was ist passiert? Das Schlimme ist, dass ich darauf bis heute keine Antwort gefunden habe, nicht bei mir, nicht bei anderen. „Ich liebe Dich nicht mehr". Welch harte Worte und so abrupt und ohne Vorwarnung, ohne ein Anzeichen. Lässt mich allein mit Fragen, Fragen, Fragen. Antworten erhalte ich nicht und werde sie vermutlich nie erhalten. Ich muss einfach lernen, damit umzugehen und diese Ungewissheit aushalten, diesen Schmerz ertragen, der tiefer geht als Pflaster-Abziehen. Hoffe, Weihnachten und Silvester sind ganz schnell vorbei. Reset - neuer Start in ein neues Leben.

Rückblick: Sein Burnout mit Verwüstung der Wohnung, Klinikaufenthalt vor einigen Jahren. Jeden Morgen bin ich um 8 Uhr zu ihm nach Hamm ins Krankenhaus gefahren und habe seine „Ex" täglich auf dem Laufenden gehalten.

Du bist ein Verräter unserer Liebe. So gemein und lässt mich ohne Grund allein. Warum, warum?

„Was willst Du von mir?" - mit diesen Worten willst Du Konflikte abwiegeln? So kommst Du nicht weit - lebe Dein Leben, werde glücklich.

Mein bester Freund ist momentan mein Körnerkissen. Die Wärme tut mir gut, werde schon süchtig danach, im Rücken, auf dem Bauch, auch gegen die Kotzerei ist es ein wirkungsvolles Mittel.

Mail von Gisela:

kann Deine Emotionen zwar nachempfinden, aber ich kann Dir den Schmerz nicht nehmen. Es tut mir echt weh, Dich so leiden zu sehen und kann es Dir nicht abnehmen!!. würde es sofort tun!!!. Klar, Du bist stark, aber für solch einen Schmerz brauchst Du keine Stärke, hab` Geduld mit Dir. Du schaffst das!!!. Die Zeit wird Dir ein wenig helfen, einen Schleier drüber zu legen, aber das Pflaster abziehen hinterlässt Narben!!. Auch Narben sind sehr schmerzhaft, nicht immer, aber in vielen Situationen sind sie hinderlich, sie schmerzen, sie verändern sich auch!!. Ihr Spruch: Ich werde nicht nur für meine Freundin kämpfen. Ich werde für sie gewinnen! Sie hat mir versprochen, mein Buch heraus zu bringen, wenn mir bis dahin etwas passieren sollte!

23. Dezember

Ein Tag vor Weihnachten - bei Julia Licht noch einmal Energie getankt. Heute Abend zu Hause erfreuliche Nachricht von Timo erhalten, er hat sein Buch auf den Weg gebracht, hat sogar schon eine ISBN-Nummer.

Bis heute kein Wort von Andreas - das ist ein komisches Gefühl für mich. Fast zehn Jahre zusammen und dann wie nie da gewesen, wie ausgelöscht, kann doch nicht sein oder? Aber würde ich wirklich Kontakt wollen? Nein, eher nicht - das wäre noch schlimmer.

Wenn ich Weihnachten und Neujahr überstanden habe, wird hoffentlich alles besser und leichter sein.

Ich hatte am Sonntag ein schönes Erlebnis mit Gisela. Hatte über eine Roma- Familie im Asylantenwohnheim einen Artikel verfasst. Beim anschließenden Besuch des Weihnachtskonzerts mit ihr haben wir festgestellt, dass die Familie keinen Kinderwagen für die 15 Monate alte Tochter hat, der Vater musste sie die ganze Zeit auf dem Arm tragen. Zu Hause angekommen haben wir im Internet gesucht und siehe da: in Ennigerloh gab es eine Familie, die einen Wagen sogar zu verschenken hatte. Wir sind hingefahren, haben noch Kinderkleidung und Spielzeug obendrein bekommen, zurück nach Dolberg - die Freude war unbeschreiblich, hat richtig gut getan zu helfen. Gibt doch Wichtigeres im Leben als Liebeskummer!!

Zitat Gisela :

Wenn einer so feige geht,

unehrlich ohne Gradlinigkeit,

dann geht der nicht einfach,

er nimmt auch die Würde des Anderen mit.

30. Dezember

Koffer gepackt, voller Vorfreude auf drei schöne Tage in Köln. Abends Einladung bei Kati und Danny, war super, hatten sich mit Möhren-Ingwer Suppe und Käseplatte viel Mühe gegeben, uns zu bewirten. Wir haben es genossen.

Bei Alexandra schaue ich vorbei, hat ihre Druckwerkstatt von Münster nach Köln verlegt.

31. Dezember

Vormittags Stadtbummel mit Besuch in Annas Lädchen in der Südstadt (ist schon seit Jahren Pflichtprogramm)

Ich habe Steine im Koffer, die ich um 24 Uhr im Rhein versenken werde, über ein Schloss für die Deutzer Brücke denke ich noch nach, Idee kam von Danny. Ade 2013 und auf ein besseres gutes 2014 und am Ende steht mein Buchprojekt. Dafür lebe ich, habe jetzt schon so viele Unterstützer gefunden.

2. Januar 2014

Alles vorbei, alles gelaufen - jetzt ist mir im wahrsten Sinne des Wortes ein Stein von der Seele gefallen, die so befürchteten Feiertage einigermaßen überstanden. Andreas hat sich nicht gemeldet, ist auch besser so!!! Köln war super, der Silvesterabend auf dem Schiff eine Katastrophe: 650 Menschen drängelten sich dicht an dicht auf zwei Tanzebenen, Techno und Rockpop im Wechsel. Sitzplätze gab es nur ganz wenige im ungemütlichen grell beleuchteten Bistro mit kalten Holzbänken und spartanisch dekorierten Resopaltischen, für 650 Gäste gab es nur zwei Getränkeausgaben und eine exquisite Bar mit Mega-Preisen für Cocktails und Champagner. Eine halbe bis eine Stunde Schlange gestanden, um ein Glas Wein zu bekommen. Wir waren froh, als das Schiff endlich um ein Uhr anlegte. Höhepunkt war allerdings das Feuerwerk vor dem Dom - einfach gigantisch. Habe danach eine mit Steinen gefüllte und beschriebene Schachtel in den Rhein geworfen - weg mit 2013 und der Vergangenheit, auf zu neuen Ufern.

Bei der Rückkehr ins Hotel gegen 1.30 Uhr war entgegen der Voraussagen die Bar schon geschlossen, na ja, dafür waren wir am nächsten Morgen topp fit und Sonnenschein entschädigte uns für die vermasselte Nacht.

Am Heumarkt hat uns der Schornsteinfeger eine schwarze Nase verpasst (wenn das kein gutes Omen ist), nachmittags Ruhe, Schwimmbad und Wellness im Hotel genossen. Psychisch geht es mir immer besser: Habe aus meinem Lieblingsbuch den Rat in die Tat umgesetzt und im Kopf einen kurzen Film mit negativen Erlebnissen mit Andreas gedreht. Bei Trübsal starte ich die Sequenzen - diese Methode ist super erfolgreich, kann ich nur empfehlen. Drei Monate sind jetzt vorüber und mir geht es spürbar besser, um nicht zu sagen gut. Bedingungsloses Lieben bedeutet Unfreiheit und ein „in- sich- gefangen sein", das ist die wichtigste Erkenntnis, die ich persönlich aus der Beziehung gewonnen habe.

3. Januar

Hallo Andreas, Du bist jetzt so weit weg von mir - und ehrlich, ich vermisse Dich nicht mehr.

Heute Vormittag mit Kollegin Anja getroffen, haben gemeinsam festgestellt: die Zeit heilt Wunden und wir beide gehen in eine Zukunft voller Abenteuer und Chancen - hoch motiviert. Haben festgestellt, dass die abrupte Trennung uns am Anfang den Boden unter den Füßen gezogen hat - wir aber jetzt alles neu genießen können und auch sie hat im Bekanntenkreis die Spreu vom Weizen trennen können und ist momentan sehr, sehr glücklich. Treffen uns am 3.Januar 2015 um 11 Uhr wieder - versprochen. Wir werden dann auch wieder erneut deutliche Fortschritte gemacht haben.

Heute Abend Lust auf Kochen gehabt, Sauerbraten mit Rotkohl und Klößen mit Gisela genossen, ihre Unterstützung und Hilfe kann man nicht in Worten ausdrücken, meine Dankbarkeit ist ohne Grenzen. Ich genieße meine kleine gemütliche Wohnung, mein „trautes Heim" und „glücklich sein allein."

Ich will ihn nicht mehr, so feige, keine Offenheit - vielleicht bin ich auch selber Schuld, nur agieren, funktionieren und wenn ich mal ein Problem angesprochen habe: „Was willst Du von mir?", diese Frage tötet jede weitere Absicht auf ein partnerschaftliches Miteinander und endet in Resignation und Frustration. Nein, das will ich nicht mehr, eigentlich müsste ich ihm auch noch dankbar sein, das bedingungslose Lieben ist der persönliche Tod. Man muss sterben, um wieder leben zu können, das habe ich gelernt und bin dankbar für diese neue Erfahrung. Es liegt so viel vor mir. Ich bin allein, habe meine beste Freundin Gisela und ganz viele gute ehrliche Bekannte. Was will, was kann ich erreichen? Alles - wenn ich nur will.

5. Januar

Gestern Muma im Altenheim besucht. Während ich lange Zeit mit meiner Zwillingsschwester Ulla auf dem Flur telefoniert habe, hat sie Gisela nach meinem Befinden ausgefragt und bitterlich geweint. „ Was geht in diesem Mann vor?", hat sie gesagt, „die beiden machten immer einen so glücklichen Eindruck, waren ein Herz und eine Seele, passten so gut zusammen."

Ich bin in den letzten Wochen deutlich ruhiger geworden, muss nicht weglaufen und immer nur „action" haben, mir tut es gut, allein zu Hause zu sein, zu lesen, Musik zu hören.

Gleich fahre ich mit Ingrid nach Beckum zu einer Ausstellung, abends mit Petra und Gisela zum Thai nach Ennigerloh.

10. Januar

Nie wieder möchte ich einen Mann an meiner Seite haben. Diese Verletzungen nie mehr ertragen müssen. Heute Abend 25 Jahre Kunstverein mit großem Event in der Stadtgalerie gefeiert, ich musste berichten. Andreas ist Mitglied, aber war Gott sei Dank nicht dort.

Ich arbeite an mir selbst und entdecke ganz neue Eigenschaften, Fähigkeiten und Interessen - endlich ein selbstbestimmtes Leben.

Ich habe heute Abend die alte Clique getroffen, hat sich super verhalten und mir für 2014 alles Gute gewünscht. Das hat mir wirklich gut getan.

Mit Gisela im Moment Probleme, die wir aber lösen können, wenn wir wollen und ehrlich sprechen. Meint es unheimlich gut, was ich auch zu schätzen weiß, fühle mich aber irgendwie kontrolliert - das will ich nicht!!!!! Wir sind nicht auf Augenhöhe - ihr Verhalten macht mir einmal mehr meine Fehler in der Beziehung zu Andreas deutlich. Sie sagt es nicht, aber ich merke, dass Verabredungen mit anderen bei ihr nicht so gut ankommen. Bin momentan mit mir allein glücklich. Bücher helfen mir weiter und öffnen meine Augen für neue Ziele. Nein, unterkriegen lasse ich mich nicht mehr, alles für einen anderen tun aus Liebe und sich selbst dabei aufgeben, das will und kann ich nicht mehr, nie, nie mehr!!!!

Fühle mich in meinem Zuhause sauwohl, habe einiges investiert, um die Wohnung noch schöner zu gestalten. Alles ist gut.

Bin total gerührt: Timo hat mir ein Exemplar seines Buches mit Widmung übergeben. Nicht nur auf der ersten Umschlagseite bedankt er sich für meine Unterstützung, handschriftlich schreibt er: „für Angelika Knöpker, ohne die dieses Buch wohl nie erschienen wäre. Danke, dass Du an mich glaubst - Timo Schüsseler". Das allerschönste Kompliment lässt mich die vielen Einsatzstunden des Redigierens vergessen und zeigt mir, dass alles richtig war.

Ich möchte keine Abhängigkeit mehr, bin Gott sei Dank so aufgestellt, dass ich mich jederzeit neu orientieren könnte. Ulla hat eine Einladung nach Michigan in die USA von einer Freundin. Sie reist über ihren/unseren Geburtstag am 1.Juli, wenn Berndt in Afrika ist. Das machen wir vielleicht zusammen, wenn die Kosten nicht zu hoch sind.

11. Januar

Habe gerade eine interessante Stellenausschreibung in der Zeitung entdeckt. Gesucht wird eine Akquisiteurin für die Schul- und Kindergartenfotografie eines 30Jahre alten Familienunternehmens in Süddeutschland. Bewerbe mich noch an diesem Wochenende, lasse den Luftballon fliegen!! Firmenauto und feste Anstellung sind verlockendes Angebot. Einfach mal den Stein ins Rollen bringen und schauen. Eine Werbeagentur in Münster sucht Texter/in für März und April, auch hier habe ich eine kurze Bewerbung geschickt. Mal schauen, das Leben bleibt bunt....

Ausflug mit Gisela nach Rheda-Wiedenbrück, schöne Karten mit Sprüchen gefunden:

Neuer Anfang

Frage nicht Deine Ängste um Rat

sondern Deine Hoffnungen und Träume

Denke nicht über Enttäuschungen nach

sondern über Deine ungenutzten Möglichkeiten

Denke nicht an das, worin Du versagt hast und

gescheitert bist

sondern welche Möglichkeiten Dir noch offen stehen

von Papst Johannes XXIII

Du schaffst das!!

Mitten in der Schwierigkeit liegt die Gelegenheit

von Albert Einstein

Nur wer seinen eigenen Weg geht

Kann von niemandem überholt werden

Marlon Brando

26. Januar

„Man kann gegen Wellen ankämpfen oder sich von ihnen in die Zukunft tragen lassen" - ich lass mich tragen, fliege mit positiven Gefühlen in eine neue Welt, in ein selbst bestimmtes Leben.

Gestern Abend Kabarett-Auftritt „Storno": 800 Menschen in der Stadthalle, darunter auch fast die gesamte Andreas-Clique. Was mache ich? Ziehe mich zurück, verbringe die Pause nicht im Foyer und verlasse den Saal sofort nach dem Auftritt. Warum? Sind sie wichtig? Nein! Waren sie mir jemals wichtig? Nein! – also!! Aber es gab so viele liebe Sympathiebeweise von netten Bekannten, von denen ich es nicht erwartet hätte - und das tut gut. Blicke voller Optimismus nach vorn - es geht mir gut und der Blick zurück tut nicht mehr weh.

Heute alte Karten und Briefe von Andreas gelesen, die immer ganz liebevoll waren vom Beginn unserer Beziehung bis zum Schluss.

Reisende soll man nicht aufhalten.

Ich verspüre so viel Energie in mir und Neugierde auf Neues, beruflich hat es mit den Bewerbungen zwar nicht geklappt, aber wer weiß, wofür es gut war. Die Arbeit ist weiterhin Lebensinhalt und füllt mich total aus, spüre große Akzeptanz der Redaktionen, das ist schön und gut so!

Nein, nein. Ich will ihn nicht wieder haben - auf keinen Fall - so verletzt mich nie wieder ein Mann!! Bündele Gedanken in positive Zukunft, ich schaff alles, wenn ich nur will!!

„Ich könnte mir vorstellen, nach Kanada auszuwandern, hole Dich in zwei Jahren nach" hat er vor einem halben Jahr gesagt. Da hätte ich doch schon mal hellhörig werden müssen, ich hatte blindes Vertrauen in ihn und hätte für ihn alles gegeben und aufgegeben. Gut, dass er mich nicht in einen Strudel gerissen hat, aus dem ich mich nicht hätte frei schwimmen können. Was ist, was war und was wird sein? Ich weiß es nicht. Und die fehlende Antwort auf meine Fragen ist das, was mich psychisch fertig macht. Mit der Wahrheit könnte ich besser umgehen. „Ich liebe Dich nicht mehr" - das nehme ich ihm nicht ab. Zu deutlich waren bis zum letzten Tag die positiven Zeichen und Signale. Seine Aktionen und Reaktionen haben ganz anderes gezeigt - ein psychisch instabiler Mann muss jetzt seine Mitte suchen und dabei bin ich im Wege.

Gisela ist immer noch meine beste Freundin und die, die mir Halt gibt. Hat ein Gespür dafür, wenn ich alleine sein möchte oder ihre Hilfe benötige, manchmal ganz banal, aber immer für mich da. Es geht mir gut und jeden Tag ein Stück besser.

8. Februar

Lange nicht mehr geschrieben. Ich lasse mich nicht unterkriegen. Ich möchte schonungslos und offen darlegen, dass Leben Leben ist und immer auch mit Überleben zu tun hat.

Ich hadere nicht mehr mit ihm, ich bin auf gutem Wege, meinen inneren Frieden zu finden. Mitleidige Fragen „Wie geht es Dir denn jetzt?" beantworte ich gern mit „Wen interessiert es eigentlich, doch nur mich!"

Ich arbeite viel und gut, freue mich über viele positive Reaktionen und ein Angebot für eine redaktionelle Mitarbeit von einem Verleger aus Soest. Zögere noch, es anzunehmen: Das neue Monatsmagazin „Ahlener Ortszeit" bedeutet einen erheblichen Arbeitsaufwand durch die Exklusivität der Artikel. Wenn das klappt, wäre ich glücklich, wenn nicht, kann ich mit meiner jetzigen Situation zufrieden sein.

Ich habe heute ein langes intensives Gespräch mit Timo gehabt. Seine Erzählungen von seinem im letzten Jahr verstorbenen Vater und die Beziehung zu ihm haben mich sehr berührt und viele Fragen aufgeworfen. Er ist ein so lieber Mensch und ich bewundere ihn, nicht nur wie er seine dreijährige Abstinenz meistert auch wie er mit seinen Präventionsprojekten an Schulen und in Selbsthilfegruppen Zeichen setzt.

Es ist schön, mit mir allein zu sein und danke meiner Heilpraktikerin für die Ortung meiner Rückzugs-Ecke. Werde künftig regelmäßig nach Münster fahren, sie tut mir einfach nur gut. Ohne sie wäre ich heute nicht so weit, nicht dort, wo ich bin. Sie weiß gar nicht, wie sehr sie mir geholfen hat, zur richtigen Zeit war ich am richtigen Ort. Ich genieße es, mir selbst wichtig zu sein und nicht mehr und nicht länger Rücksicht darauf zu nehmen, was andere über mich denken oder wie sie sich verhalten. Ich freue mich, einen kleinen intelligenten lieben Kreis um mich zu haben, in dem ich mich wohl fühle. Möchte ich mehr? Nein!! Ich gehe mit 1000 positiven Gedanken in die Zukunft. Das Leben bietet so viel mehr, ich will nicht resignieren, nur profitieren. Mit meiner optimistischen Lebenseinstellung kann mich gar nichts bremsen. Das Leben ist lebenswert und ich mittendrin - mache das Beste daraus. Danny, Mark und Gisela sind mein Rückhalt, auf sie kann ich bauen.

11. Februar

Heute Vormittag erste Redaktionskonferenz mit der „Ortszeit Ahlen" gehabt. Sympathische Kollegen kennen gelernt, mit meinen guten und zahlreichen Vorschlägen und der Gestaltung der Titel-Seite konnte ich punkten. Bin rundum zufrieden und will mir die größte Mühe geben, die Erwartungen nicht zu enttäuschen, auch wenn ich für die anderen Medien mal kürzer treten muss.

20. Februar

Nach drei Monaten habe ich heute Nachmittag zum ersten Mal Andreas wieder gesehen, kam mir im Auto entgegen, hob kurz seine Hand zum Gruß, ich grüßte zurück - das war`s. Keine Flugzeuge im Bauch, kein Herzflimmern. Der Knoten ist durch, ich habe mit ihm abgeschlossen und das ist auch gut so! Alles ist so weit weg, ich liebe ihn nicht mehr.

Mein Leben gestaltet sich so positiv. Am Valentinstag ist Danny extra aus Köln gekommen und wir haben in Münster gebummelt und den „kleinen Bruder" besucht. Schönes Erlebnis am Rande: „Das steht Ihrer Frau sehr gut", der Kommentar einer Verkäuferin hat Danny nicht amüsiert, mich aber um zehn Zentimeter wachsen lassen. Die Verkäuferin hat sich dann aus der Affäre gezogen: „sie sieht noch so jung aus" … tat schon gut.

„Geli, Du bist wieder die Alte", hat Ulla gesagt, nachdem wir ein intensives Gespräch über die neue Wohnung für ihre Tochter Mayele hatten, die in Hamm eine Referendar-Stelle bekommen hat. Gisela und ich hatten die Besichtigungen vorgenommen und detailliert berichtet.

Am Samstag mit Gisela in der Karl-Lagerfeld-Ausstellung in Essen gewesen, der Mann ist so vielseitig, hat uns sehr überrascht. Schön, dass wir so vieles gemeinsam machen und genießen können.

Fühle mich total frei und genieße diese Eigenständigkeit. Alles hat seine Zeit, und diese Zeit ist schön!!!

Keine Angst mehr, nicht mehr mithalten zu können bei Andreas flottem Lebens-Tempo und seinen „Flippi- Aussetzern".

Ausgewogene Zeiten zwischen Arbeit, Ruhe und kulturellen und kulinarischen Genüssen. Ich vermisse nichts und liebe ihn auch nicht mehr. Das Leben ist einfach schön und bietet so viel mehr. Ich genieße und bin auch gerne mit mir allein auf meiner Couch. Wenn ich daran denke, wie verzweifelt ich in den Wochen vor Weihnachten war, kann ich jetzt wieder auf- und durchatmen. Zu verdanken habe ich das meinen Kindern, Geschwistern und guten Freunden, an der Spitze meiner Freundin. Gisela ist immer noch meine beste und feste Bezugsperson, aber ich suche und pflege auch den Kontakt zu anderen Frauen, die mir wichtig sind. Der Austausch tut einfach gut.

Ich freue mich auf den Kurzurlaub mit Gisela an der holländischen Küste, bei ihr kann ich sein wie ich wirklich bin, sie akzeptiert mich mit all meinen Macken und gibt mir neuerdings auch mal „Contra", wenn ich den Bogen überspanne. Der Welpenschutz als Schonzeit ist vorbei. Wir sind jetzt auf Augenhöhe und das ist ein gutes Gefühl.

12. März

Es wird immer besser, beruflich topp und auch privat steht alles zum Besten. Schließt sich eine Tür, öffnet sich eine neue - daran ist viel Wahres! Ich merke so viel Positives von Bekannten, bei denen ich so eine Akzeptanz und Zuneigung nie erwartet hätte, auf der anderen Seite auch Rückzug von Andreas Clique. Schade nur, dass selbst Violetta und Petra sich zurückgezogen haben - Gruppenzwang halt. Es wird noch die Gelegenheit geben, wo ich Violetta persönlich das Wort Freundschaft definieren kann. „Wie oft war ich in Münster im Krankenhaus, als Du Dich aufgrund Deines Unfalls nicht bewegen konntest?". Freunde - dieser Begriff erhält jetzt eine ganz neue Definition, ist aber auch für mich wichtig, dass ich weiß, wie ich dran bin und neue Kontakte knüpfen kann. Gerade mit Gisela sehr schöne Tage in Holland verbracht, sie hatte am Sonntag Geburtstag, sind mit meinem neuen Auto gefahren, ich habe die 309 Kilometer Strecke inklusive Autobahn allein am Steuer absolviert und war mächtig stolz!! Das war eine echte Herausforderung und ich glücklich, es geschafft zu haben. Gisela war so klug, nichts zu sagen, hat mich einfach machen lassen, das war Therapie, und das hat sie gewusst. Strand, Sonne, ein tolles Vier-Sterne-Hotel zum Superpreis, alles hat gepasst. Ich führe ein schönes Sinnerfülltes Leben, genieße es mit all den neuen Freiheiten. Mein Engagement im sozialen Bereich macht mich glücklich und zufrieden: endlich Zeit für alles, was mir wichtig ist und so viele positive Rückmeldungen - tut einfach nur gut. Stelle mich neuen Herausforderungen und schaffe Dinge, die ich nie für möglich gehalten hätte. Bin wieder angefangen mit dem Lauftraining, montags und freitags um 7.30 Uhr geht es los, dienstags und donnerstags Wassergymnastik und mittwochs Gymnastik in der Familienbildungsstätte. Es ist ein tolles Gefühl, körperlich so fit zu sein - das Leben ist schön.

Mit Gisela habe ich eine Freundin, die 150-prozentig zu mir steht. Nach dem Holland-Aufenthalt haben wir jetzt Urlaub über Ostern gebucht. Bad Neuenahr am Karfreitag (dort löse ich meinen Schmerzensgeld-Gutschein von August ein), anschließend ein Hotel direkt am Rotwein-Wanderweg an der Ahr. Der neue große Wellness-Bereich macht uns unabhängig von Wind und Wetter.

21. März 23.38 Uhr

In 22 Minuten geht der Tag zu Ende, an dem vor einem halben Jahr eine Welt für mich zusammengebrochen ist. Ich konnte es nicht fassen, war ratlos, fassungslos, hatte keine Antworten auf Fragen. Auch heute stehe ich noch vor einem Rätsel. Aber ich habe gelernt, mit der Situation umzugehen, nach vorne zu blicken und das Wichtigste: es geht mir gut!

An dieser Stelle ist es angebracht, einigen Personen ganz besonders zu danken: Gisela, Ulla, Danny und Mark für ihre permanente Unterstützung und Hilfe.

Einen wunderschönen Nachmittag mit Karin auf „Gut Kump" verbracht - immer wieder wird mir deutlich und klar, wer wichtig ist und auf wen ich verzichten kann. So wie es ist, ist es gut und die Bilanz stimmt!! Vermisse niemanden, der nicht mehr zu mir steht. Aufgrund des Holland-Urlaubs war ich erst heute wieder als Vorlese-Patin bei meinen Kindergartenkindern. Wie sie mich begrüßt und umarmt haben, tat einfach gut und die Gruppenleiterin sagte: „Mensch, die haben Dich richtig vermisst!" Das lässt so vieles in den Hintergrund treten... Geht es eigentlich noch besser? Ich muss auf nichts und niemanden Rücksicht nehmen, keine Vorratseinkäufe, keine Fürsorge, keine Liebe, keine Abhängigkeit, keine Sorgen und alles ist wie es ist: einfach nur gut !!

Wenn ich an den 21.September 2013 zurück denke: unfassbar, leidvoll, keine Zukunftsperspektiven, will nicht mehr leben. Wofür, warum? Die Antwort heute: es lohnt sich, nicht aufzugeben. Ich empfinde es auch als positiv, dass ich mittlerweile offen über die Trennung reden kann und mich nicht mehr verstecken will.

Im neu eröffneten Restaurant lecker mit Gisela gegessen und das neue Ambiente genossen. Gastwirt Leo hat mich vor kurzem bei einem zufälligen Treffen in Münster mit Vorwürfen überschüttet. „Was hast Du gemacht? Ihr ward so ein tolles Paar!" Ich musste ihn erst einmal aufklären. Andreas hatte ihm bei einer Feier auf seine Frage, wo denn seine Liebste sei, erzählt: „wir haben uns Ende September getrennt." „Nein, nicht wir, nur er!!", habe ich klar gestellt und einen geschockten Leo zurück gelassen.

Andreas Unternehmensberater und seine Familie waren mal unsere besten Freunde, inniges Verhältnis gehabt, das sie uns auch deutlich gemacht haben bei vielen Treffen. Jetzt Funkstille für mich. Warum? Ein Mensch wird einfach ausgelöscht? Ich habe doch nichts getan!! Ich bin doch Opfer, nicht Täter!!

Freue mich auf die Techno-Classica, die weltgrößte Oldtimer-Ausstellung in Essen am Mittwoch, für die ich mich akkreditiert habe.

22. März

Arbeit, Arbeit, Arbeit - dann mit Gisela abends in Hamm toll gegessen - Glück gehabt ohne Reservierung - am Ende war klar: bei der Qualität der Speisen und dem Service kein Wunder, dass das Restaurant voll besetzt war.

Mit H. Termin für morgen Nachmittag ausgemacht. Gisela ist nicht begeistert, versucht es sich aber nicht anmerken zu lassen, dann kommen so Kommentare wie: "Ja, dann hören wir uns ja morgen nicht mehr!" Ich denke: „Hallo?!!? Wie bist Du denn drauf oder wie weit bin ich drauf und dran, in eine neue Abhängigkeit zu schliddern?" Nein, nein, das will ich nicht, möchte Selbstbestimmtes Leben führen ohne irgendjemandem Rechenschaft ablegen zu müssen. Ich bin frei, die Welt steht mir offen. Gisela ist und bleibt meine beste Freundin, aber Abhängigkeit geht gar nicht.

„Treue zum Wandel ist das Einverständnis in die eigene Weiterentwicklung." Diesen Satz habe ich auf der Homepage eines früheren Pfarrers aus Ahlen gefunden. Sein Gottesdienst am Sonntagabend hat mich nicht nur zutiefst berührt, sondern auch beeindruckt. Heute Nachmittag habe ich einen Termin zum „Energie-Tanken" bei ihm. Habe ihm vorab Auszüge aus meinem Tagebuch geschickt, damit er weiß, worum es geht. Ich möchte und könnte Bäume ausreißen und alles wieder neu erfahren und neu erleben. Fühle mich mit meinen 62 Jahren jung und dynamisch und offen für alles. In Holland einen auf Holz aufgezogenen Spruch gefunden, der meine momentane Stimmung widerspiegelt:

Live - like heaven is on earth

Love - like you have never been hurt

Laugh - like no one is listening

Sing - as if no one can hear

Dance - as if no one is watching

Dream - like there are no impossibilities

Play - like there are no winners

Give - like you have plenty

Smile - till your face hurts

Cherish your family & friends everyday!

5. April

Kann wieder positive Gedanken zulassen, an schöne Erlebnisse mit Andreas denken, ohne sofort den Kurzfilm „Negativ" einzuschalten. Kann auch wieder Menschen gegenüber treten, die noch nichts von der Trennung wissen und offen darüber sprechen. Das ist schon ein ganz großer Schritt nach vorn.

Heute ist die erste Ausgabe der „Ahlener Ortszeit" erschienen, und ich habe ganz viele positive Reaktionen bekommen. Whats-app-Nachricht von Timo bekommen: „Bild von Dir in der Ortszeit gesehen, sieht super aus".

So viel Positives ist in den letzten Wochen passiert: Gisela hat eine neue Wohnung: Neubau vom Feinsten, Niedrigenergiehaus, jetzt geht es ans Planen. Muss nur aufpassen, dass ich nicht alles bestimmen und entscheiden will. Es ist ihre Wohnung, aber ich weiß schon jetzt: dort werde ich mich wohler fühlen als an der Scheffelstraße.

Bin stolz auf mein Sportprogramm, das ich konsequent durchziehe. Energietankstelle wirkt nach, bin M. und H. dankbar für die Erfahrung mit dem Pfarrer.

Tolle Mail von einer guten Bekannten bekommen, der ich das erste Kapitel meines Tagebuchs geschickt habe: „Vielen Dank für Dein Tagebuch. Es war einerseits bedrückend, andererseits erfreulich zu lesen, dass Du diese Krise Deines Lebens so angegangen und nicht so tief abgestürzt bist. Behalte Dein Selbstvertrauen und stärke es mit allen Möglichkeiten, die Dir noch über den Weg laufen. Falls ich etwas dazu beitragen kann, bin ich gerne dazu bereit."

Dazu passt der Spruch:

„Wenn Du an Deine Stärke glaubst, wirst Du täglich stärker"

Mahatma Gandhi.

War Freitag zur Lesebühne mit Poetry Slam. Zugegeben: die beiden Akteure kommen gegen meine Favoritin Julia Engelmann nicht an.

Habe einen Bekannten aus Andreas Freundeskreis getroffen, war super nett. Auch gestern Zusammentreffen mit „Ehemaligen", und ich konnte auf die wohl gut gemeinte Frage wie es mir geht, antworten: „In der Wüste gibt es keine Schatten, aber schöne Oasen."

Bei einer weiteren Vortrags-Veranstaltung hat es gut getan, dass unter den Gästen auch Jörg und Anke waren. Anke kam, umarmte mich herzlich und ich spürte die positive Energie. Die beiden hatten bei der Moderation der Wirtschaftspreis-Übergabe eine bedeutende Rolle für mich gespielt und mich nach der Veranstaltung auffangen wollen. Da war ich aber lieber vor Andreas geflüchtet .... Seit dem Vortrag weiß ich auch, warum Glückskinder wie ich so erfolgreich sind: sie sehen alles positiv, auch Rückschläge -das passt - auch ich bin aus dem dunkelsten Tief wieder rausgekrabbelt, habe nach vorne geschaut - alles andere hätte nur in Selbstmitleid und Depression geendet. Das will ich nicht - er hat mich nicht verdient ist die Botschaft, die mich positiv nach vorn blicken lässt.

Mit Gisela auf der Techno-Classica in Essen gewesen. War ein anstrengender, aber toller Tag, den ich so richtig genossen habe. Einladung zur Rheinbach-Classic bekommen, freu, freu!!! Und Ostern löse ich meinen „Schmerzensgeld-Gutschein in Bad Neuenahr mit Gisela ein. Ich hatte mir bei meinem Aufenthalt mit Andreas Ende August auf dem Parkplatz den Knöchel angebrochen und ihn als kleine Entschädigung bekommen.

Alles ist im Fluss - alles geht weiter, fließt, und ich nehme mir jeden Tag Zeit für mich. Ich bin mit meinem Leben zufrieden, aber immer noch bleibt die quälende Frage nach dem WARUM? Darauf werde ich wohl nie eine ehrliche Antwort bekommen.

12. April

Never ever möchte ich mit der alten Clique etwas zu tun haben, bin enttäuscht von Violetta und Petra. Außer Lippenbekenntnissen kein Treffen arrangiert. Aber kein Problem: da gibt es so viele wertvolle neue Menschen um mich herum, die die alten, angeblichen „Freunde" mehr als gut ersetzen.

Habe Andreas heute Nachmittag gesehen, als ich mit Gisela im Auto unterwegs war. Banane in der Hand, Blick nach links, er hat Gisela erkannt, mich vielleicht auch, und meine Reaktion war einfach blöd: Gefühl gegen Verstand, Gefühl hat gesiegt, Mist!! Das will ich nicht und dachte, dass ich darüber stehe - wohl nicht!

Ostern 18. bis 21. April

Gerade mit Gisela leckeres Frühstück im Hotel in Bad Neuenahr genossen. Bei Besichtigung meiner Unfallstelle im August letzten Jahres auf dem Parkdeck sind Erinnerungen wieder hoch gekommen: nach Röntgen und Erstversorgung mit Schiene Fahrt nach Hause. Nach zehn Minuten in meiner Wohnung hat Andreas sich verabschiedet mit den Worten „Das ist jetzt Frauensache, ruf mal Gisela an." Das war wohl schon der Anfang vom Ende.

Heute Morgen während Formel-1-Übertragung ist mir ein guter Titel für mein Buch eingefallen: „auf-gelöst - Tagebuch nach einer Trennung" soll es heißen.

Habe schon Kontakt mit einer netten Anwältin aus München aufgenommen, die das Buch auf Wahrung von Persönlichkeitsrechten untersuchen soll. Mehr denn je bin ich motiviert, meine Tagebuchaufzeichnungen zu veröffentlichen.

Mit Gisela Kurzurlaub zu machen ist easy und schön zugleich, wir haben gleiche Interessen: Besichtigungen, Kultur erleben, Essen genießen oder durch die Geschäfte bummeln, wir ergänzen uns einfach nur gut - alles ist entspannt. Gisela ist mit ihrer rationalen Art ein gutes Pendant zu meiner eher emotionalen Haltung.

Gleich heißt es Koffer packen und dann geht es weiter nach Maischoß, direkt am Rotwein-Wanderweg gelegen. Planen vorher noch einen Abstecher nach Ahrweiler, schönes Städtchen mit vielen Fachwerkhäuschen und einer alten Stadtfestung. Die Stadt kenne ich noch vom Besuch mit Andreas im letzten Jahr. Es tut mir gut, alte Stätten der Erinnerung aufzusuchen, so kann ich alles besser verarbeiten. Es ist, als hätte ich die „Reset-Taste" gedrückt, alles gelöscht und auf „Null" gestellt. Beruflich läuft alles topp. Das neue Magazin „Ahlener Ortszeit" ist eingeschlagen wie eine Bombe. Habe nur positive Rückmeldungen erhalten. Leider bin ich derzeit bewegungsmäßig wieder eingeschränkt, da ich bei einer Fototour durch den Berliner Park erneut umgeknickt bin: gleicher Fuß, gleiche Stelle, gleiche Schmerzen... dumm gelaufen, wird aber von Tag zu Tag besser.

Nachbetrachtung Ostern

Es war einfach eine tolle Zeit, schöne Hotels, super Wetter,

gutes Miteinander und Verstehen. Mit Gisela auf früheren Pfaden gewandelt und nichts tat mehr weh: weder Hotel-Parkdeck mit all den Erinnerungen noch Ahrweiler-Weinlokal oder spontane Übernachtung mit Andreas.

Kein Blick zurück im Zorn, alles gut, alles gut gewesen und jetzt mit 1000 positiven Gedanken in die Zukunft. Fühle mich frei und befreit - die Zukunft hat begonnen und die Aussichten sind nicht schlecht. Die Zeit der Trauer ist vorbei, Wunden geleckt und geschorft - brauche kein Pflaster mehr, aber Abziehen hat sehr, sehr weh getan. Wunden sind zwar geheilt, aber die Narben bleiben - ein Leben lang.

In den Hotels haben wir Paare und Familien getroffen, die sooooo unglücklich sind...

Das Manuskript ist jetzt bei der Anwältin in München zur Prüfung, der ich optimistisch entgegen sehe. Ich habe Bettina Wulff bei Bettina Böttinger in der Talkshow gesehen. Sie hat aus ihrem Buch erzählt, in dem sie viel Privates und Persönliches preisgegeben hat. Das hat mich bestätigt, auf persönliche Befindlichkeiten keine Rücksicht nehmen zu müssen: wir leben in einem transparenten Zeitalter, bei Facebook und Google ist niemand mehr geschützt - in diesem Sinne kann und will ich mein Buch schreiben.

„auf-gelöst – Tagebuch nach einer Trennung" soll keine Abrechnung mit Andreas sein. Ich bin ihm dankbar für fast zehn schöne, ereignisreiche, abwechslungsreiche und liebevolle Jahre an seiner Seite, aber ich möchte anderen Frauen in meiner Situation Mut machen, aus dem Tal der Verzweiflung und Resignation heraus zu kommen. Sie sollen erkennen, dass es mehr gibt als an der Seite eines Mannes seine eigene Persönlichkeit aufzuwerten bzw. dass der Partner sie an dir aufwertet. Mittlerweile weiß ich, dass nur das „in-sich-selbst-ruhen" der Schlüssel zum Erfolg sein kann. Ich habe diesen Schlüssel umgedreht und so viel Positives erfahren, was mir Kraft und Mut gibt, diesen Weg konsequent weiter zu gehen.

4. Mai

Einen total netten Brief von meiner Anwältin aus München bekommen, hat sich mit der Prüfung sehr, sehr große Mühe gemacht, ich weiß ihre vereinzelten Kritikpunkte jetzt umzusetzen. Ich bin glücklich und dankbar für die vielen Formen der Unterstützung.

Heute musste ich in Ahlen über den „Mammut-Sonntag" berichten, viele Aktionen und verkaufsoffener Sonntag, da war der Bär los. Obwohl ich nach acht Monaten Trennung eigentlich gefestigt bin, habe ich doch noch Probleme, Andreas oder ehemals gute Bekannte zu treffen. Beides ist nicht geschehen, habe mich auch ganz auf den Job konzentriert, Bilder geschossen und den Abend mit Gisela bei einem schönen Abendessen ausklingen lassen. Eines Tages werde ich so weit sein, dass ich so darüber stehe, dass ich mich nicht verstecken möchte und will. Auch da ist Gisela eine gute Ratgeberin, die mir Selbstbewusstsein wieder gibt.

Und dann frage ich mich, was wohl in Andreas vorgeht, wenn er mich sieht oder auch nur an unsere Beziehung denkt? Das kann doch nicht sein, dass alles vergessen und vorbei ist - wie geht er damit um? Ach, ich will es gar nicht wissen: Fakt ist Fakt und nur er hat es so gewollt. Seine Eltern würden sich im Grabe herum drehen, wenn sie mein Buch lesen könnten. Wir hatten ein so offenes und herzliches Verhältnis, ich war voll akzeptiert und angenommen worden. „Du tust dem Andreas richtig gut", haben sie nicht nur einmal gesagt.

10. Mai

Heute hat Tante Hanni angerufen. Ich hatte den Kontakt im September abgebrochen, weil ich nicht in der Lage war, ihr von der Trennung zu erzählen. Heute ist es mir relativ leicht gefallen, und sie ist aus allen Wolken gefallen.

Brauche mein Körnerkissen nicht mehr für das nächtliche Einschlafritual und auch keine CD mit Entspannungsmechanismen und Suggestionen, die mich in den Schlaf „lullen". Dafür muss ich aber eine Plastikschiene tragen, mein Kiefer hat sich durch das nächtliche Zähneknirschen völlig verformt und schmerzt. „Alles nur Stress", hat mir mein Zahnarzt gesagt. Am Samstagabend war ich mit Ingrid beim Benefizkonzert mit 420 Gästen. Obwohl ich sehr viele Bekannte dort getroffen habe, ging alles emotional gut. Ich bin auf einem guten Weg…

12. Mai

Ich glaube, die Welle ist vorbei - fühle mich super gut und werfe keinen Blick mehr zurück. Genieße meine Freiheit und die Unterstützung von alten und vielen neuen Freunden - bin wieder glücklich und gehe selbstbestimmt in ein neues Leben. Erfahre so viel Rückhalt und Zustimmung - bin einfach gerührt, alles andere liegt weit zurück. Beruflich so engagiert und akzeptiert, was will ich mehr? Alles ist gut und alles wird gut und mein Buchprojekt ist das Ziel, auf das ich hin arbeite: Ich kann, ich will, ich mache und mein Erfolg ist vorprogrammiert. Wie viele unglückliche Beziehungen und Enttäuschungen habe ich im Bekanntenkreis erlebt. War glücklich und froh, mit Andreas eine Ausnahme-Beziehung zu führen. Jetzt sind alle anderen noch zusammen, wir getrennt. Ich glaube es bis heute nicht, möchte es verstehen, möchte es wissen, doch die Wahrheit werde ich wohl nie erfahren. „Ich liebe Dich nicht mehr?!" Ich bin sensibel und feinfühlig und einfühlsam genug, um Veränderungen feststellen zu können. Es gab nichts, gar nichts, keine Vorwarnung, keine Anzeichen, dass er nichts mehr für mich empfindet. Es würde mir besser gehen, wenn ich auf diese Frage eine Antwort fände. Bis dahin bleibt mir nur, aus meinem Leben das Beste zu machen. Und das tue ich.

Mir geht das Herz auf, wenn ich die Techno-Classica oder Oldtimer-Museen besuche. Diese beeindruckenden Erlebnisse werde ich niemals vergessen.

16. Mai 7.41 Uhr

Heute vor zehn Jahren auf den Tag genau: ich wusste zu diesem Zeitpunkt noch nicht, dass dieser Tag meinem Leben eine entscheidende Wende geben sollte. Nach Enniger gefahren, um an der Oldtimer-Rallye des „Pängel Anton" teilzunehmen, als Berichterstatterin, aber auch als Beifahrerin eines mir noch unbekannten Fahrers. Habe Andreas kennen gelernt und es hat auf beiden Seiten „wumm" gemacht, mittags waren wir schon Gesprächsthema Nr. 1 und nach der Siegerehrung haben wir gemeinsam schöne Stunden verbracht - am nächsten Tag auf beiden Seiten alle Anzeichen der Verliebtheit gespürt: Herzrasen, Vorfreude auf das nächste Treffen und unzählige Telefonate.

Heute nach zehn Jahren auf den Tag genau: Pflaster abgezogen, Wunde verschorft, aber die Haut ist noch so dünn, dass ich nicht knibbeln darf. Dann bricht die Wunde wieder auf und es blutet nach…

Es geht mir gut dank Giselas Hilfe. Hat mir heute Morgen schon ganz früh eine Karte geschrieben: „Ein wahrer Freund ist der, der alles stehen und liegen lässt, wenn Du ihn brauchst". Ja, so ist sie, und das macht mich stolz! Das hat sie vor zwei Tagen bewiesen, als sie eine tote Maus aus meinem Keller entfernt hat, schnell und ohne großes Aufheben, während ich aufgrund meiner Phobie kurz vor dem Kollaps stand.

Gestern Abend mit Nichte Mayele und Dennis schönen Poetry-Slam-Abend in Hammer Kneipe verlebt - hat richtig gut getan, auch wenn es spät geworden ist.

Gleich Vorlesestunde im Kindergarten, nachmittags Besuch bei Mark in Münster mit Beratung beim Anzugkauf und heute Abend zwei Pressetermine als gute Möglichkeit der Verdrängung dieses denkwürdigen Tages angenommen.

20. Mai

Gisela schreibt: „Trotz aller Rückschläge bist Du auf einem guten Weg." Ja, sie hat Recht, beruflich alles super, heute noch ein Angebot von einer Pressestelle in Münster zwecks Zusammenarbeit bekommen. Ich fühle mich geehrt und habe angenommen, Bezahlung topp. Privat stehe ich jetzt vor einer neuen Herausforderung und Hürde. Wenn ich es schaffe, Andreas zu begegnen ohne Emotionen, dann habe ich es geschafft - dann bin ich frei. Will nichts von ihm wissen, wiegele alle Gespräche über ihn ab. Ich will ihn nicht, nie wieder zurück und trotzdem schmerzt es: 10 Jahre kann man nicht so einfach auslöschen. Wenn ich mich hier nicht so etabliert hätte, würde ich jetzt am liebsten Koffer packen und eine neue Existenz aufbauen - am besten in der Medienstadt Köln. Gedanken sind Kräfte. Wenn ich könnte, würde ich fliehen, fliegen, einfach auf eigene Faust unterwegs sein, Länder erkunden wie Mayele.

27. Mai

Gerade Ahlener Zeitung gelesen - wie jeden Tag - Bild ganz klein über Wahlsonntag - nicht zu übersehen Andreas mit Uwe, seinem besten Freund - war schon ein Dolchstich - aber wie Gisela treffend kommentierte: „So wirst Du langsam heran geführt, dass irgendwann die Begegnung kommt." Ich ärgere mich selbst, dass nach so langer Trennungszeit noch so viele Gefühle vorhanden sind. Hatten am Wochenende „Südenmauer"-Treffen mit ehemaligen Nachbarn. Bei herrlichem Wetter Fahrradtour mit Picknick nach Beckum gemacht und anschließend bei Britta und Andreas in der Langst gegrillt. Alle sind so feinfühlig, dass nicht einmal der Name „Andreas" gefallen ist.

Freue mich auf das Wochenende: Ulla und Bernd haben zum Scheunenfest nach Wipperfeld eingeladen, alle Geschwister bis auf Petra kommen.

30. Mai

Einfach schön - nach anstrengenden Wochen, vor allem für die „Ahlener Ortszeit" viel gearbeitet - endlich Ruhe. Keine Verabredung, keinen beruflichen Termin, einfach nur relaxen, lesen, nachdenken, schreiben, so schön!! Freue mich auf das Wochenende bei Ulla mit Gisela. Auf dem Weg frühstücken mit Mayele in Hamm und dann geht`s los, helfen Ulla bei den Vorbereitungen und feiern abends mit 120 Gästen ein zünftiges Scheunenfest. Die Pension zum Übernachten kenne ich aus früherer Zeit mit Andreas. Schwester Maggi ist nicht begeistert, dass sie jetzt „unser damaliges Zimmer" nehmen muss.

Habe immer noch ein sehr gutes Verhältnis zu Jörg und Petra in Rheinbach, Einladung zur Rheinbach-Classic mit Gisela bekommen. Wollen Event um einen Tag verlängern mit Hotel-Übernachtung und Wanderung - das Leben kann sooooo schön sein!

Der Wind vertreibt die Wolken, es klart auf, vieles wird klar, und die Sonne scheint. Tun, machen, genießen, sich einbringen, das macht so viel Spaß und nach Bummel heute Nachmittag in Rheda habe ich wiederholt festgestellt, es ist einfach schön, ungebunden zu sein. Ich kann mit meinem Abend machen was ich will, ohne Rücksicht auf irgendjemanden. Ein tolles Gefühl! Der Kühlschrank ist nur noch so voll, wie es mir gut tut, kein Gedanke mehr an ständiges Kochen und Vorlieben von Andreas, überlegen auch alles im Haus zu haben, was ihm schmeckt. Auch mein Gewicht hat sich dadurch um einige Kilos reduziert, steht mir gut!! Gebe im

Gegensatz zu früher kaum Geld für Lebensmittel aus und esse viel bewusster und gesünder - auch ein positiver Aspekt. Ich habe eine schöne Wohnung, in der ich mich total wohl fühle und ein unbeschwertes Leben auf finanziell solider Basis mit vielen positiven Reaktionen auf neue Herausforderungen - was will ich mehr? Dazu eine Freundin, die mich in jeder Beziehung unterstützt ohne zu erdrücken, mit der es gemeinsam viel Spaß macht, etwas zu unternehmen. Aber: Liebe hört nie auf, jedenfalls nicht wenn es echt war, so wie zwischen Andreas und mir. Okay, ich setze jetzt andere Prioritäten, aber bin fest davon überzeugt, irgendwann wird er auch zurück denken an all die schönen Geschichten, die wir zusammen erlebt und „geschrieben" haben. Eines Tages wird er, wie Julia Engelmann auf you tube mit „Eines Tages werden wir ...", an diese schönen Geschichten denken, die wir erzählen können, die uns zeigen, wie wir gelebt haben und wie viel Spaß wir gemeinsam hatten und wie wir uns toleriert und akzeptiert haben, auch gegen Anfeindungen - wie wir die Macken des anderen mit Leichtigkeit ertragen haben und froh waren, uns zu haben. Freunde und Bekannte haben uns immer als ideales Paar gesehen.

Das Scheunenfest von Ulla und Bernd war toll: 2750 Euro sind für die Afrika-Hilfe zusammen gekommen. Seit Jahrzehnten engagieren sich die beiden für Projekte dort, Bernd fährt jedes Jahr hin, oft mit den Kindern. Mehr unter www.bampangi.de, das ist der Name der Stiftung und heißt übersetzt = meine Brüder.

7. Juni

Komme gerade von einem Poetry- Slam-Abend in Hamm mit Mayele und Gisela. Er war anregend und bereichernd und unser Tisch durfte auch als Jury fungieren. Die Ergebnisse waren beeindruckend, manche standen Julia Engelmann in nichts nach, wir wollen jetzt regelmäßig dorthin.

Gestern Abend Gourmetmarkt-Eröffnung, war schon große Herausforderung für mich, hatte Befürchtung, Andreas zu treffen. Gott sei Dank nicht passiert, habe mich schnell „vom Acker" gemacht. Genieße die Freiheit und das „bewußtere Leben" und viele schöne Events mit Gisela. Dann wird mir meine neue Freiheit so richtig und positiv bewusst.

Freue mich auf die Buchveröffentlichung. Ich bin so sicher, dass ich mit meinen Aufzeichnungen vielen Frauen Mut machen kann, ihr Leben selbst bestimmt in den Griff zu bekommen, glücklich zu werden und zu sein.

Habe gestern mit Gisela Silvester-Urlaub in Köln gebucht. Hotel steht fest, Kulturprogramm wollen wir uns noch aussuchen. Das Leben kann soooo schön sein!!!!

22. Juni

Gestern waren es auf den Tag genau neun Monate seit der Trennung am 21.September 2013. Gisela und ich haben uns mit Mayele einen schönen Tag in Münster mit Afrika-Fest im Rathaus-Innenhof gemacht und beim Public-Viewing der Fußball-Weltmeisterschaft viel Spaß gehabt. Morgens war ich mit Mayele beim Interkulturellen Frauenfrühstück, und die Weltenbummlerin hat es soooo genossen. Sie saß ausgerechnet einer Vertreterin ihres Lieblingslandes Brasilien gegenüber und hat sich zwei Stunden angeregt mit ihr unterhalten. Bei solchen Veranstaltungen wird mir immer wieder klar, dass es Wichtigeres gibt als eine Beziehung und dass das Leben so viel zu bieten hat, was sich vorher in einem Tunnelblick nicht erschlossen hat. Einfach loslaufen und machen ist die Devise, dann öffnen sich Türen zu Events und Menschen, die einem gut tun. Und immer sind es Menschen, die meinem Leben Sinn geben. Ich habe sortiert und mich neu aufgestellt. Timo, Rudi, Ruth, Karin, Ingrid, Monika, Susanne und viele weitere bereichern mein Leben und an der Spitze steht Gisela: loyal, ehrlich, mitfühlend, aber auch kritisch, holt mich manchmal auf den Boden der Tatsachen zurück - was mir imponiert. Was will ich mehr? Fühle mich einfach nur gut und bin zufrieden. Jeder Tag bringt ein Stückchen mehr Abnabelung, ein Stück mehr Freiheit, ein Stück mehr Selbstbestimmtes Leben, und es ist gut, dass Gisela mir manchmal die „Leviten" liest, mich auf Dinge aufmerksam macht, die ich in meiner Verblendung und Liebe zu Andreas nicht gesehen habe: Liebe macht blind! Nie wieder möchte ich von einem Mann so abhängig sein.

3. Juli

Gestern wieder gekommen aus einem viertägigen wundervollen Urlaub in Hamburg. Highlight war die Einladung von Isabell Garcia und Tanja Köhler zu Tonstudio-Aufnahmen. Es war ein beeindruckendes Erlebnis! Zwei Top-Referentinnen in Höchstform, die in einer Impro-Show ihr Talent einmal mehr unter Beweis gestellt haben. Isabell Garcia kannte ich schon von einem Auftritt in Ahlen, Tanja Köhler war eine tolle Ergänzung und Bereicherung. Am nächsten Tag große Stadtrundfahrt, Besichtigungen und Shoppen genossen, Fußball-WM im Hotel gesehen.

1.7. mein Geburtstag: Gisela war die erste Gratulantin mit Geschenk und Teelicht, nach dem Frühstück Fahrt nach Blankenese, Spaziergang zur Elbe, Hafenrundfahrt, Speicherstadt per Boot war leider nicht möglich wegen Niedrigwasser, später zu Fuß erkundet und an den Landungsbrücken lecker gegessen, Ausklang im „Alex" am Jungfernstieg, Europapassage und Alsterhaus.

Am Abreisetag Besuch des Automuseums, schöne Bilder im Porsche 356 geschossen. Erinnerungen an eigene Rennfahrer-Karriere in den 70er Jahren mit einem historischen Lancia Fulvia wieder präsent. Mit mehr als einstündiger Verspätung in Ahlen eingetroffen, Bahn hat 25 Prozent des Fahrpreises erstattet und hat Wertmarken für Getränke und Speisen spendiert.

„Ahlener Ortszeit" ist erschienen und ich bin stolz, 95 Prozent der Beiträge selber geschrieben zu haben. Das Magazin hat ein hohes Niveau und ich werde alles dran setzen, es weiter zu fördern, fühle mich so damit verbunden, dass ich all meine Kräfte dafür einsetzen werde. Das Magazin ist ein Erfolgskonzept.

Nach dem Urlaub wird mir einmal mehr bewusst, wie gut es mir geht, keine Rücksicht nehmen zu müssen. Ich kann tun und lassen was ich will: Ruhe oder Action, es liegt allein an mir, wie ich mein Leben gestalte. Gibt es etwas Schöneres? Und dann noch eine super tolle Freundin an meiner Seite, die mich nicht nur unterstützt, sondern auch mal meine Flügel stutzt und Grenzen aufzeigt - ideal! Ist es mir jemals besser ergangen? Ich glaube nicht! Keine Angst mehr vor Überreaktionen von Andreas, in welcher Form auch immer - einfach nur Ruhe und besinnen auf das, was wirklich wichtig ist: mit Menschen in Kontakt zu treten, die mir gut tun und denen ich helfen kann.

Die Vergangenheit ist gestern, Zukunft mein Zuhause, und meine Wünsche tragen mich dorthin. Ich bin wer ich bin. Ich liebe es, so zu sein wie ich bin, ich hasse es, mich anpassen zu müssen. Das tue ich seit dem 21.September 2013 nicht mehr und nie wieder. 48 Glückwünsche zum Geburtstag sind Sympathiebeweise - ich freue mich darüber. Zukunft: Ich mache mir keine Sorgen, habe die richtigen Menschen an meiner Seite, von unaufrichtigen längst getrennt. Das Leben kann so schön und vielfältig sein. Ich genieße das neue Leben in vollen Zügen und freue mich, mit Gisela, Danny und Mark immer und überall die wertvollsten Menschen um mich zu haben.

11. Juli

Mit Gisela heute Abend Vergangenheit Revue passieren lassen, in der Rückschau ist man schlauer und überzeugt: Liebe macht blind und emotionale Abhängigkeit führt zum Verlust der Distanz und schließlich des eigenen Ichs. Verhaltensmuster klar - bei Wolfgang und Andreas, bei allen anderen Liebhabern nicht: totale Liebe und totale Selbstaufgabe, alles getan, damit es ihnen gut geht und mich dabei vergessen. Am Ende bin ich mit meiner Emotionalität und bedingungslosen Liebe auf der Strecke geblieben - ausgenutzt und gebraucht. Gut dass ich jetzt durchatmen kann, Ballast abwerfen, das gilt auch für angebliche Freunde. Befreiungsschlag!! Es gibt Besseres zu tun und viel zu tun. Das Leben bietet so viel mehr. Ich genieße es.

Wie in jedem Jahr zählte zu den Geburtstagsgratulanten auch das Hugo-Stoffes-Zentrum. Lara W. vom Sozialen Dienst hat sich dafür einen tollen Spruch einfallen lassen. „Die schönsten und angenehmsten Tage sind nicht die, an denen großartige aufregende Dinge passieren, sondern die mit den einfachen netten Augenblicken, die sich aneinanderreihen wie Perlen auf einer Schnur." (von Lucy Maud Montgomery). Sehr treffend und ich habe es gestern gemerkt.

Hatte nach langer Zeit mal einen freien Arbeitstag, wollte lediglich die Artikel für die Ortszeit vorbereiten, doch dann spontan mit Gisela zum Frühstücken nach Münster gefahren, anschließend bei herrlichem Wetter den Aasee umrundet, Bummel durch die Innenstadt mit Pausen: es war wie ein Urlaubstag und die

Entscheidung, die Arbeiten auf den Sonntag zu verschieben, total richtig. Habe aufgetankt. Mit einer Rikscha sind wir aus der Innenstadt wieder zum Aasee gefahren, haben uns über die Freundlichkeit der Münsteraner gewundert, die uns per Fahrrad überholten. „Herzlichen Glückwunsch" schallte es uns einmal entgegen. Des Rätsels Lösung: „Just married" stand in großen Lettern auf der Rückseite des Gefährts, das noch am Morgen bei einer Hochzeit in Aktion war. Wir haben gelacht und uns noch einen schönen Ausklang bei einem Salat und Bier gegönnt.

25. Juli

Heute mit Mark ins Altenheim nach Warendorf gefahren und Muma besucht, sie hat sich soooo riesig gefreut. Auf dem Rückweg in Ahlen auf dem Markt gehalten, um Brille abzuholen. In einer Parkbucht stand Andreas Auto - dieses Mal keine heftige Reaktion und Herzklopfen - ganz relaxt. „Und wenn ich ihn hier und jetzt treffe (nach acht Monaten), ist das ok, was soll passieren?", habe ich gedacht. Ich bin schon einen Schritt weiter, normalerweise hätte ich die Flucht angetreten und gedreht…bin stolz auf mich!!

Heute Abend noch einmal mein 63 jähriges Leben und meine 27 Ehejahre Revue passieren lassen… besser ich gehe gar nicht darauf ein. Es geht mir gut, sehr gut im Vergleich zu früher. Neuneinhalb Jahre Andreas kann ich mehr und mehr verarbeiten - nicht verdrängen. Dabei ist Gisela mir eine ganz große Hilfe und teilt alle meine Vorlieben für Kunst, Kultur, Bummeln, Essen gehen und soziales Engagement. Beruflich läuft alles topp, muss schon Aufträge absagen, weil ich mit mehreren Auftraggebern mehr als ausgelastet bin. Aber mein Beruf ist mein Hobby und ich mache ihn gern. Was man gern macht, macht man bekanntlich gut. Die „Ahlener Ortszeit" ist mein ganzer Stolz, auch wenn ich dafür mehr tun muss als anfangs geglaubt. Letzte Ausgabe mit 24 Artikeln von mir ist schon eine Leistung, die meisten selbst aufwändig recherchiert. Nächste Woche steht mal wieder ein Treffen mit Timo an, wir profitieren beide voneinander, und ich bin stolz auf seine Erfolgsbilanz beim Buchverkauf.

Ich fühle mich ausgesprochen wohl: bin nach vielen Monaten an einem Punkt, wie es besser nicht laufen könnte. Nachbarin Karin hat mich heute zu ihrem Geburtstag eingeladen, wundervoller neuer Kontakt mit viel Verständnis, tut einfach nur gut. Manchmal werde ich melancholisch und frage mich: Denkt Andreas nie mehr an unsere Zeit, an das gemeinsame Lachen, die Oldtimer-Ausflüge, den Humor, den Zusammenhalt, an Gesten, die von Herzen kamen, an Situationen, wo wir „ein Kopf und ein Arsch waren"? Ein glückliches Paar, um das uns viele beneidet haben. Geht das alles so spurlos an ihm vorbei? Kann er Zukunft beginnen ohne Vergangenheit lebendig bleiben zu lassen? Alles verraten, verkauft, verdrängt, vielleicht Negatives in die Welt gesetzt, um mir zu schaden? Ich weiß das alles nicht, möchte es auch gar nicht wissen. Er hat seine Fans, ich meine, und das ist gut so. „Ich liebe Dich nicht mehr" - das kann er doch nur sagen, wenn eine Zeit vorangegangen wäre, geprägt von Distanz, Lieblosigkeit und Schweigen. Dieses „Ich liebe Dich nicht mehr" kam nur wenige Tage nach dem schönen Wochenende in Bad Neuenahr mit. Dort hatte er noch, zugegebenermaßen alkoholisiert, aber ehrlich, mir und unserer Beziehung vor Freunden Bestnoten gegeben. Aber Betrunkene sagen ja bekanntlich die Wahrheit. Was ist passiert? Dieses „Warum" lässt mich auch heute Abend nicht los. Vielleicht werde ich es irgendwann erfahren…

Gisela weiß, dass jedes Wort in meinem Buch der Wahrheit entspricht. Sie ist meine beste Freundin, der ich immer alles detailgetreu erzählt habe.

Heute Nachmittag ein tolles Kompliment von Mark bekommen. „Mama, wenn mich jemand fragt, ob ich mal Kinder haben möchte, dann sage ich ja und ich würde sie so erziehen, wie Du mich erzogen hast: mit liebevoller Konsequenz. Das habe ich so an Dir geschätzt, und Du hast mich immer an der langen Leine laufen lassen, obwohl Du in Deiner Kindheit andere Erfahrungen gemacht hast." Diese Aussage hat mich einfach nur stolz gemacht. Danny ruft jeden zweiten Tag an. Meine Kinder sind mein größtes Kapital, ich werde alles für sie tun, damit es ihnen gut geht.

26. Juli

Giselas Umzug ist super gelaufen, jetzt allein auf meinem Balkon: genieße Ruhe und meine Lieblingsmusik. Abschalten bei einem Glas Wein und Kerzenschein - fühle mich rundum zufrieden und gut wie lange nicht mehr - ich glaube, es hat „klick" gemacht. Vergangenes bewältigt und für Neues aufgeschlossen: Gestern schon vorbei - Morgen kommt noch - heute ist der Tag um glücklich zu sein. Finde zu mir und zur Ruhe - was ich vorher so nicht gekannt habe. Weglaufen, ablenken und jede Minute ausgefüllt mit Job und Freizeit - nur nicht allein sein, das brauche ich nicht mehr. Ich genieße die Stille und kann dabei sehr kreativ sein. Mein Ziel ist klar: mein Buch wird ein Erfolg und ich wünsche mir so sehr, dass ganz viele Menschen dadurch in einer Trennung auch eine neue Chance sehen und nicht verzweifeln. Das Leben bietet so viel mehr. Ein Buch und abtauchen in eine andere Welt - mehr brauche ich nicht. Was sind dagegen all die Cliquen-Fêten mit Alkoholkonsum bis zum Absturz? Nein Danke!! Nie mehr betteln nach Hause zu wollen, mich vertrösten lassen - nur noch austrinken - und dann war es doch wieder 3 Uhr morgens oder ich habe mir ein Taxi genommen und konnte ohne ihn nicht gut schlafen.

Die Zeit läuft - nur noch zwei Monate bis zum letzten Text meines Buches, dann ist das Trennungsjahr schon vorüber, war ein harter Einschnitt, aber ich glaube im Nachhinein, alles gut gemeistert zu haben, dank so vieler lieber Freunde und Bekannte, die mich begleitet, unterstützt, motiviert und ermutigt haben. Danke! Danke!

Da waren auch angebliche Freunde, die sich feige zurückgezogen haben, aber daran habe ich erkannt, wer wirklich Freund ist, denn das bestätigt sich in der Not. Schwamm drüber, ich bin total zufrieden mit meinem Leben, das ist gut so und ein wichtiger Schritt in die Zukunft. Gelassenheit ist zur Pflicht geworden, ich bin mir wieder selbst die Nächste und am nächsten.

7. August

Heute mit Frauenkulturkreis (FKK) Friedel Kreuzberg in Warendorf besucht, ein phantastischer Künstler mit einer Vielseitigkeit, die mich schon am Sonntag in Warendorf zur Eröffnung seiner Ausstellung beeindruckt hat. War ein wirklich schöner Abend mit anregenden Gesprächen und Inspirationen und mir wird einmal mehr klar, wie gut es mir geht. Sauge alles auf, was mich kulturell, gesellschafts-politisch und sozial weiter bringt und das ist eine tolle persönliche Erfahrung. Die Welt steht mir offen und ich kann machen, was ich will und niemand kann mich stoppen, meinen eigenen Selbstbestimmten Weg weiter zu gehen. Gisela ist immer noch die Nr. 1 an meiner Seite und klug genug, mich vieles allein machen zu lassen. Noch sechs Wochen, dann ist die Zeit meines offiziellen Tagebuchs für mein Buchprojekt zu Ende. Ich bin jetzt schon sicher, dass es eine Fortsetzung geben wird, denn das Schreiben befreit und macht mich glücklich und zufrieden. Nicht verzweifeln, sondern selbstbewusst und mutig in einen neuen Lebensabschnitt gehen ist die Devise. Wenn ich mit meinem Buch auch nur einigen wenigen Frauen Mut für einen Neubeginn machen kann, habe ich mein Ziel erreicht. Danke allen, die mir offen oder im Hintergrund so geholfen haben. Ich bin glücklich und zufrieden - das hätte ich mir nach der Trennung im September nicht vorstellen können. Das Beste: von angeblichen Freunden hat sich die Spreu vom Weizen getrennt - ein Befreiungsschlag!!

17. August

„Alles kann, nichts muss" - dieser Slogan von Gisela beschreibt am besten unser Verhältnis. Sie ist verständnisvoll, nicht beleidigt, wenn ich mich zurück ziehe und unterstützt mich dabei, auch viel mit anderen zu unternehmen, mich zu treffen. Das tut einfach nur gut! Ich bin ihr so dankbar, denn ohne ihre Hilfe wäre ich heute noch nicht da, wo ich momentan bin und stehe. Nach fast einem Jahr Trennung habe ich mich neu entdeckt und meine Hobbys ausgebaut. Ich muss auf nichts und niemanden mehr Rücksicht nehmen.

Fragen nach dem „Wie geht`s?" beantworte ich jetzt so: „Ich bin zufrieden, habe jetzt eine andere Lebensqualität, aber keine schlechtere." Und das trifft den Nagel auf den Kopf.

24. August

Das war ein ereignisreicher Tag. Zuerst gearbeitet, Sommerfest „Förderverein Fördertürme". Wie aus heiterem Himmel aus den Augenwinkeln hinter mir Andreas wahrgenommen mit Bine und Manni. Ich weiß nicht, wie er aussah oder ob er mich gesehen hat. Ich wollte vor den beiden kein Wiedersehen inszenieren. Zurück zum Auto, unterwegs noch Bilder gemacht. War so überrascht, bin erst mal zu Gisela gefahren und habe ihr erzählt. Was mich persönlich gefreut hat, ist, dass dieses Mal kein Herzklopfen und keine Emotionalität dabei waren. Ich glaube, jetzt bin ich gewappnet - alles gut!!

Bin so froh, Gisela an meiner Seite zu haben, auch das ist ein Stück Lebensqualität, sich so angenommen zu fühlen wie man ist mit allen Ecken und Macken. Sie ist ein Halt und eine tolle Freundin. Habe zwei anhängliche Kinder, einen Freundeskreis mit alten und vielen neuen Kontakten, super Arbeit und Job, gutes Auskommen mit dem Einkommen und vor allem Gesundheit. Das ist schon mehr als man erwarten darf und kann.

Andreas fehlt mir nicht mehr. Ich glaube, ich bin jetzt wirklich drüber hinweg, und wenn ich ihn das nächste Mal treffe, kann ich auch reagieren. Heute fühlte ich mich durch die Anwesenheit der anderen einfach überfordert und sprachlos. Nach Redaktionsbesuch mit Gisela nach Warendorf gefahren und Muma im Altenheim besucht. Im Stadtmuseum nicht nur eine sehr kompetente nette Führung bekommen, sondern auch einen ehemaligen Gymnasial-Lehrer wieder getroffen. Das ist mehr als 40 Jahre her…. unglaublich!! Haben aus alten Schulzeiten geplaudert.

Einen beeindruckenden Kontakt mit einer deutschen, in den USA lebenden Schamanin, gehabt und über sie geschrieben.

Liebe Renate,

Dir habe ich es zu verdanken, dass ich in meiner Mitte angekommen bin. Du hast mit Deiner außergewöhnlichen Ausstrahlung mein Inneres zum Klingen und in Ordnung gebracht. Die Reaktion auf unser erstes Gespräch am Freitag hat mich überrascht und übermannt: Ich wollte in der Natur sein, hielt meine innere Unruhe zu Hause nicht aus. Meine Freundin ist mit mir zum See gefahren und dort spazieren gegangen. Heute erfüllt mich tiefste Dankbarkeit dafür und auch, dass ich Dich kennen lernen durfte. Du hast mein Leben bereichert. Danke!! Wir hören uns. Vorab schon einmal die Bilder als kleine Erinnerung.

Besten Gruß auch an Deinen lieben Mann

Hallo Renate,

die Zeilen, die Du in der ersten mail erhalten hast, habe ich gestern Abend geschrieben und gerade gesehen, dass die zweite Seite fehlt, hier nun der Nachtrag:

Du hast mir geholfen, wie Du anderen hilfst - ohne eine Gegenleistung zu erwarten. Beim Googlen ist mir bewusst geworden, welchen Ruf Du weltweit genießt und wie erfolgreich Du bist, anderen Menschen zu helfen. Das verbindet uns, denn auch Du setzt Dich für ein friedvolles Miteinander der Kulturen und Religionen ein. Ich danke Dir für alles und wünsche Dir, dass Du noch ganz vielen Menschen mit Deinen Fähigkeiten helfen kannst, für sich ein selbst bestimmtes glückliches und zufriedenes Leben zu führen. Einen ganz lieben Gruß an Deinen Mann und die Familie und DANKE !!

21. September

Ein Jahr seit der Trennung ist vorbei. Wenn ich zurück blicke stehe ich heute besser da als je zuvor. Ich bin so vogelfrei wie nie zuvor und mein eigener Herr. Was mir damals so unüberbrückbar schien, hat sich heute auf-gelöst und zum Besten gewandelt. Beruflich bin ich erfolgreicher denn je und voll ausgelastet. Mein Engagement für Asylbewerber und benachteiligte Menschen hat konkrete Formen angenommen: in den nächsten Wochen werde ich mit einigen engagierten Leuten einen Förderverein für Flüchtlinge gründen, um den Vorurteilen gegenüber dem Übergangswohnheim in Dolberg entgegen zu wirken und die Lebensbedingungen der 126 Bewohner aus 25 Ländern zu verbessern helfen. Die „Ahlener Ortszeit" ist mir lieb und wichtig, dafür „brenne" ich und habe in Gisela eine tolle Unterstützerin gefunden. Ihr gegenüber empfinde ich eine große Dankbarkeit für alles, was sie tut und getan hat. Habe sie gestern zu einem ganz schicken Essen in die Wieland-Stuben eingeladen und mit ihr das „Einjährige" gefeiert.

Große Dankbarkeit überkommt mich aber auch, wenn ich an die fast zehnjährige Beziehung denke, es war eine schöne bereichernde Zweisamkeit mit Andreas. Aus und vorbei. Ich bin nicht auf der Strecke geblieben und das habe ich in erster Linie Gisela, meinen Kindern Danny und Mark und allen alten und neuen lieben Freunden zu verdanken. Ich bin gerührt, wenn ich sehe, dass es mir heute, nach so einem emotionalen Absturz, wieder sehr, sehr gut geht. Man schafft alles, wenn man nur will! Ich fühle mich einfach nur gut.

Vorträge und Seminar haben mich weiter gebracht und geformt. Zuletzt noch in der Halle Münsterland einen aufschlussreichen Abend mit dem Buchautor Robert Betz verbracht. Der Diplom-Psychologe und Deutschlands bekanntester Lebens- und Glücks-Coach vertritt die These: „Du selbst bist der Schöpfer Deiner Lebensfreude." Er selbst hat lange in der Wirtschaft im Management gearbeitet. Nach einer Krise änderte er sein Leben und wurde zum Erfinder der Transformations-Therapie. Seine zentrale Botschaft lautet: „Du bist für Dein Lebensglück selbst verantwortlich. Du musst Dein Leben selbst in die Hand nehmen und auf Dein Herz hören". Seine positive Einstellung kann ich nur bejahen und begrüßen.

22. September

Der Jahrestag ist vorbei, ich freue mich auf das Wochenende mit Danny und Kati, sie haben mich nach Köln eingeladen und es tut gut, mal wieder den Kopf frei zu kriegen. Mark ist auch sehr anhänglich, meldet sich aber nicht so oft wie Danny, aber das ist o.k. Er geht seinen Weg und hat meine volle Unterstützung. Und wenn er mich fragt, ob ich mit ihm Klamotten aussuchen gehe, ist das ein großes Kompliment, über das ich mich sehr freue.

Brief von Gisela zum Jahrestag

„Jetzt, nach diesem schweren Jahr für Dich, bin ich einfach nur stolz darauf, Deine Freundin zu sein. Ich musste mit ansehen, wie Du leidest, ich konnte Dir nicht helfen, konnte einfach nur da sein. Doch ich durfte und darf Deine Entwicklung erleben, dass Du ausgeglichener geworden bist, dass Du zu Dir gefunden hast, dass Du Dein inneres ins Gleichgewicht gebracht hast. Und das freut mich so sehr! Ich wünsche, dass die Zukunft noch gaaaanz viel für Dich bereithält, dass ich Dich noch lange begleiten darf und dass wir noch viel miteinander erleben werden. Danke für Deine Freundschaft!!"

Liebe Gisela

„Ich habe mich so über die Karte gefreut mit dem treffenden motivierenden Aussagen. Ich habe Dich in diesem Jahr so richtig kennen und schätzen gelernt - zu Beginn warst Du in Sorge und Trauer um mich - hattest mir Welpenschutz gegeben und vieles hingenommen, was nicht akzeptabel war. Ich habe Dich damals noch nicht auf Augenhöhe erlebt und Dir oft weh getan, weil ich

Parallelen zu Andreas und mir gezogen habe. Heute ist alles anders. Wir sind auf Augenhöhe immer füreinander da und können uns auseinandersetzen. Das ist so wertvoll und bereichernd - fühle mich bei Dir so gut aufgehoben und akzeptiert. Du vertreibst negative Gedanken und machst den Alltag zum Sonntag. Negatives tritt in den Hintergrund, Positives nach vorn. Danke, Dass Du immer für mich da warst und bist, Danke, dass es Dich gibt."

29. September

Lieber Andreas, nach einem Jahr der Trennung verstehe ich Dich mehr denn je - ich neun Jahre älter - Du vielleicht irgendwann in der Pflicht? Nein, ich bin durch gestartet, habe mir und anderen bewiesen, dass auch mit 63 Jahren noch viel geht. Ich bin stolz auf mich - Dir unendlich dankbar. Hege keinen Groll mehr, empfinde nur Dankbarkeit dafür, dass Du mir - wenn auch indirekt - die Augen geöffnet und mich in ein neues Leben geführt hast. Danke!! Ich wünsche Dir von ganzem Herzen alles Glück dieser Welt und vielleicht mal ein paar Momente mit positivem Blick zurück: es war eine schöne Zeit, einzigartig, unwiederbringlich - alles ist gut. Ich liebe Dich noch immer -aber anders, und ich liebe mich - anders und ganz neu, eine Erfahrung, die ich nicht missen möchte. Mein soziales Engagement ist mir heute wichtig!

EPILOG

5. Dezember

Eigentlich sollte das Buch längst erschienen sein, aber mir ist etwas Wichtiges dazwischen gekommen: mein Engagement für die Flüchtlinge in Ahlen mit der Gründung eines Fördervereins. Morgen ist Spiel-Platz-Eröffnung. Dank einer großzügigen Spende in Höhe von 10.000 Euro vom Förderverein Diakonie. Nach der Gründungsversammlung kam eine Menge Arbeit auf mich zu: ehrenamtliches Engagement, Einblick in persönliche Schicksale der Flüchtlinge, die mich sehr belastet haben.

Habe Andreas heute zweimal an einer Baustelle an der Parkstraße gesehen - von hinten im Gespräch mit Bauarbeitern - nichts hat sich bei mir bewegt, keine emotionalen Gefühle, kein Herzklopfen, gar nichts - einfach neutral und dankbar und glücklich, mein Leben allein im Griff zu haben und mehr noch: meinem Leben eine andere Richtung gegeben zu haben. Alte Freunde oder sogenannte Freunde und solche, die sich dafür hielten - weg und aus dem Sinn - und das ist gut so, viele neue wertvolle Menschen gefunden, die im Einklang sind mit meinen Zielen und zu einer echten Bereicherung geworden sind.

Das Leben ist wie ein Fahrstuhl. Auf dem Weg nach oben muss man manchmal anhalten, um bestimmte Menschen aussteigen und neue einsteigen zu lassen.

Ich bin glücklich, sehr glücklich und setze meinen neuen Weg konsequent fort. „Nur wer für eine Sache brennt, kann auch andere entzünden" ist mein Motto geworden - schon drei Angebote für Vorträge bekommen. Ich habe mein Lebensziel gefunden und kann alles andere getrost hinter mir lassen. Es gibt einen neuen Weg und der tut mir gut. Das Leben kann so erfüllt sein. Die Zufriedenheit ist das höchste Glück, das Du erreichen kannst, dafür ist es nie zu spät.

26. Dezember

Das war das schönste Weihnachtsfest seit Jahren: nach dem Desaster in letzten Jahr - wie es Tradition war waren Danny und Mark am Heiligabend nachmittags bei mir und abends beim Vater - habe ich dieses Jahr gestreikt und gemeinsam mit Gisela im Steigenberger-Remarque-Hotel in Osnabrück ein Doppelzimmer mit festlichem Weihnachtsbuffet gebucht. Mein vierter Aufenthalt dort war der beste überhaupt. Kurz nach dem Einchecken habe ich Lose für einen guten Zweck, nämlich die Osnabrücker Tafel, gekauft und zwei Übernachtungen mit Frühstück und Wellness gewonnen. Beim Gala-Buffet habe ich einen tollen Mann kennen gelernt: lange graue Haare, dicke schwarze Brille, sehr sympathisch, Künstlertyp - hat mir spontan angeboten: „Den Gewinn können wir doch gemeinsam einlösen." Ich habe gar nichts gesagt und war wohl überfordert. Im Laufe des Abends fragte er mich, woher ich komme. Er kennt Ahlen, weil seine Firma für das Bischöfliche Gymnasium gearbeitet hat. Er hat mir zu verstehen gegeben, dass er mit seinem Sohn und einigen Freunden im Steigenberger ist. Die Signale waren eindeutig, aber ich hatte (noch) nicht den Mut, ihm meine Visitenkarte zu geben, nach dem Motto: „Wenn Sie mal wieder in Ahlen sind, gerne melden!" Das Gefühl, begehrt zu werden hat mir gut getan, mehr wollte ich in dem Moment gar nicht. Vielleicht wird es anders, wenn wir uns Ende 2015 wieder sehen, denn wir haben schon wieder für den Heiligabend gebucht.

.

Gisela ist meine allerbeste Freundin und steht so zu mir wie ich es noch nie erfahren habe.

Am ersten Weihnachtstag hatte ich Besuch von Danny und Mark und wir haben fünf Stunden „raclettet". Es war einfach nur schön, und wir sind uns einig, dass wir das jetzt jedes Jahr so machen wollen. Danke Mark und Danny für den wunderschönen Abend ohne Zeitdruck, mit tollen Gesprächen, dem Gefühl der Geborgenheit, des Aufgehobenseins, des Verständnisses. Und jetzt sitze ich auf meiner Couch, allein, aber total glücklich, aufgefangen von wirklichen Freunden, engagiert für Projekte, die mir den Sinn des Lebens erschließen und mich erfüllen. Was will ich mehr? Das Leben ist schön!! Für mich, meine wirklichen echten Freunde und alle, denen ich mit meinem Engagement helfen konnte und kann.

www.tredition.de

Über tredition

Der tredition Verlag wurde 2006 in Hamburg gegründet. Seitdem hat tredition Hunderte von Büchern veröffentlicht. Autoren können in wenigen leichten Schritten print-Books, e-Books und audio-Books publizieren. Der Verlag hat das Ziel, die beste und fairste Veröffentlichungsmöglichkeit für Autoren zu bieten.

tredition wurde mit der Erkenntnis gegründet, dass nur etwa jedes 200. bei Verlagen eingereichte Manuskript veröffentlicht wird. Dabei hat jedes Buch seinen Markt, also seine Leser. tredition sorgt dafür, dass für jedes Buch die Leserschaft auch erreicht wird

Autoren können das einzigartige Literatur-Netzwerk von tredition nutzen. Hier bieten zahlreiche Literatur-Partner (das sind Lektoren, Übersetzer, Hörbuchsprecher und Illustratoren) ihre Dienstleistung an, um Manuskripte zu verbessern oder die Vielfalt zu erhöhen. Autoren vereinbaren unabhängig von tredition mit Literatur-Partnern die Konditionen ihrer Zusammenarbeit und können gemeinsam am Erfolg des Buches partizipieren.

Das gesamte Verlagsprogramm von tredition ist bei allen stationären Buchhandlungen und Online-Buchhändlern wie z. B. Amazon erhältlich. e-Books stehen bei den führenden Online-Portalen (z. B. iBook-Store von Apple) zum Verkauf.

Seit 2009 bietet tredition sein Verlagskonzept auch als sogenanntes "White-Label" an. Das bedeutet, dass andere Personen oder Institutionen risikofrei und unkompliziert selbst zum Herausgeber von Büchern und Buchreihen unter eigener Marke werden können.

Mittlerweile zählen zahlreiche renommierte Unternehmen, Zeitschriften-, Zeitungs- und Buchverlage, Universitäten, Forschungseinrichtungen, Unternehmensberatungen zu den Kunden von tredition. Unter www.tredition-corporate.de bietet tredition vielfältige weitere Verlagsleistungen speziell für Geschäftskunden an.

tredition wurde mit mehreren Innovationspreisen ausgezeichnet, u. a. Webfuture Award und Innovationspreis der Buch-Digitale.

tredition ist Mitglied im Börsenverein des Deutschen Buchhandels.